關於**唐卡**的100個故事

100 Stories of
Thang-Ka

孟思齊◎編著

原書名：100幅藏密唐卡，100篇佛家故事

前　言

　　一幅幅唐卡，一尊尊佛，絢麗而神祕，令人迷醉又令人心生敬畏。

　　這是繪畫，也是故事；這是藝術，也是宗教。沒有什麼比它更能把佛柔軟而又充滿力量的光芒帶到人間，帶到你我和萬物之間。

　　什麼是唐卡？誰賦予唐卡無窮的魅力？唐卡上那一尊尊栩栩如生的佛，敘說著什麼樣跌宕而又神奇的故事？有多少善，多少悟，多少人生的輪迴被承載，被遠播，像春風吹送的溫暖和花開，祥瑞而幸福？

　　讓我們親近唐卡，親近佛。

　　唐卡是松贊干布時期西藏興起的一種繪畫藝術，刺繡或繪畫在絲、綢或紙上的彩色畫軸。既有多姿多態的佛像，也有反映藏族歷史和民族風情的主題。它具有鮮明的民族特色、濃郁的宗教色彩和獨特的藝術風格，歷來被藏族人民視為珍寶。

　　繪製唐卡，多以各色天然礦物顏料及金、銀為顏料，勾線著色後，再以絲線和絹帛托襯底背，四周用彩緞襯拼畫框，兩端鑲硬木軸心，綴上一道黃綢遮幔及等長的雙條綢帶，形式獨特莊嚴而和諧。

　　構圖嚴謹、均衡、豐滿、多變，是唐卡的重要特色，其畫法多以工筆重彩與白描為主。品種千變萬化，其中以彩繪唐卡最為多見，除此之外，還有刺繡、織錦、緙絲、貼花及珍珠唐卡等。以這些方法繪製的唐卡，富有立體感、動感，充滿佛界的神韻。將之懸掛於殿堂之內，微風

拂來，畫面上的佛像躍然出世，信徒宛如置身於天界之內。對於宗教題材中的唐卡，每幅唐卡分為上、中、下三部分，分別代表天、凡世與死後世界。世間三界，立見分曉。

唐卡裝裱後，要恭請喇嘛唸經加持，並在背面蓋上喇嘛的金汁或硃砂手印。

唐卡是藏族文化的一種表現形式。其中尤以表現佛教高僧大德的故事最為重要和突出。多少年來，唐卡這種藝術品一直被人們視為瑰寶，但很少留下繪者匠人的名字，這與人們崇佛信佛、為寺院做善事積功德的思想有著緊密關係。

寺院裡每一幅唐卡，都是為了弘揚佛法，超渡人生，所以，每一幅唐卡上都有關於佛的事和佛法的故事。從釋迦牟尼、文殊菩薩，到蓮花生、達賴喇嘛、世尊佛陀、活佛高僧，一個個鮮活的形象，從唐卡上走下來，走過蒼茫天空，走過遼遠大地，走過山川樹木，走過江河湖泊，走過人世的角落，走到我們身邊，走進我們的生活，走進我們的心裡。

讓我們在讚嘆唐卡精湛技藝的同時，感受那些高僧大德感人的事蹟和生動有趣的故事吧！

心中有佛，吾身安寧。

願佛，永遠在我們心中。

目錄

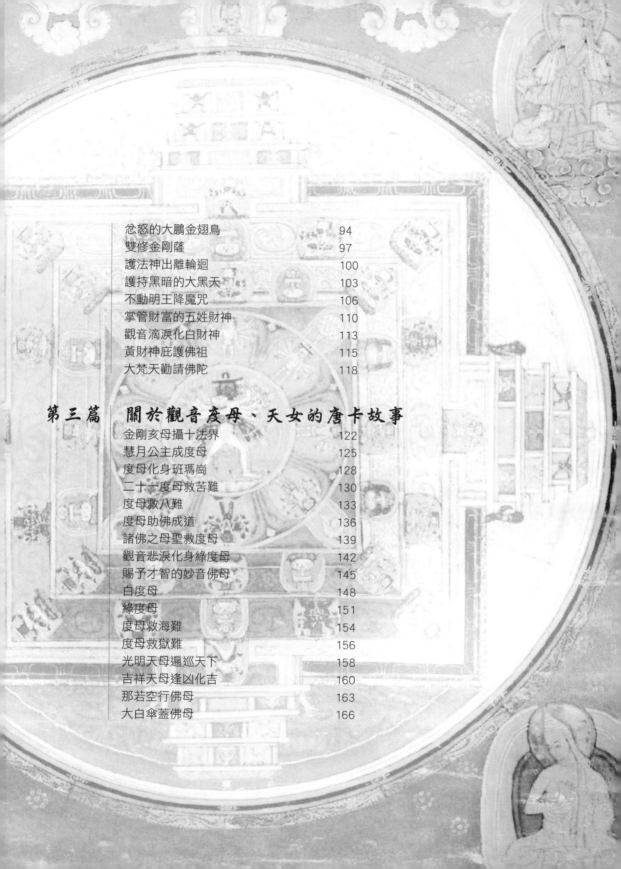

第一篇

關於佛、菩薩的唐卡故事

釋迦牟尼菩提樹下成佛

　　釋迦牟尼，意為「釋迦族的聖人」，是佛教創始人，後世尊稱佛、佛陀。他本姓喬達摩，名悉達多，是迦毗羅衛國的王子，從小厭倦奢華的宮廷生活，喜歡清淨自然的環境。當他二十九歲時，因為感悟人的生、老、病、死之苦，立志出家修行，遂放棄王位，來到荒野之中，削

髮易服，尋求解脫之道。

　　經過六年艱苦的修行後，釋迦牟尼來到菩提伽耶，在一株高大茂密的菩提樹（即無花果樹）下禪定，立下誓願：「不成正等正覺，誓不起此座！」隨後，他靜思默想，用大智慧觀照宇宙人生的緣起本心，進入一種「明白」或「醒悟」狀態，達到「既不知道滿意又不知道失望」的境界。這時，見祥光四起，天地間光明無限。

　　祥光驚動了魔王波旬，他不希望釋迦牟尼證悟正覺，於是派出三個魔女前去蠱惑破壞。三個魔女分別為特利悉那（愛慾）、羅蒂（樂慾）、羅伽（貪慾），她們盛裝以待，分外妖嬈地來到釋迦牟尼身前，一會兒殷勤獻媚，一會兒嫣然挑逗。但是，釋迦牟尼心念寂定，對她們視而不見，彷彿出淤泥而不染的蓮花一般，格外清高。

　　三個魔女仍舊不肯死心，竭盡種種妖嬈之態。釋迦牟尼訓誡她們道：「妳們形體雖好，但是心不端正，好比精美的琉璃瓶裝滿了糞土，不自知恥，還敢來誆惑人心？」接著施展法力，使魔女得見自身惡態，只見骷髏骨節，皮包筋纏，膿囊涕唾，醜狀鄙穢。

　　魔女見此，自慚形穢，連忙逃走。

　　第一招失敗，魔王波旬並不甘心，接著派出魔將、魔兵，以及各種毒蟲、怪獸，帶上毒雷、毒箭，向菩提樹下的釋迦牟尼殺過來。

　　釋迦牟尼端坐如故，飛箭、毒雷紛紛墜落在他身邊。魔王大驚，卻不肯認輸，氣急敗壞地說：「你從小在王宮中長大，生活安逸，從來沒有積德造福，怎麼可能獲得正覺？你不要白費工夫了，還是回王宮享受榮華富貴去吧！」

　　釋迦牟尼慨然回答：「我前世曾經佈施頭顱、手腳無數次，從三僧

祇無央數劫以來，積集了無量福德智慧，圓滿了六渡萬行，怎麼說我不能獲得正覺？」

魔王波旬不服：「佈施可不是嘴巴說說而已。我佈施過一次，遂做了魔王，有人可以為我作證。你說前世佈施過，有誰為你作證？」

釋迦牟尼見他咄咄逼人，不得不以右手指尖輕觸地面，口中唸道「無私的大地啊，請為我作證。」話音剛落，就見地神從地底冒出，站在正前方，對著波旬說：「我就是證人。」

魔王波旬理屈詞窮，不由得惱羞成怒，遂率眾傾巢來攻。釋迦牟尼身放金光，魔眾盡皆跌撲。天帝又請菩薩相助，菩薩施法，洪水滔滔洶湧而出，惡魔怪獸盡淹其中，狼狽敗退。

魔障已退，釋迦牟尼從離惡法以生喜樂的初禪天，逐漸進入只知施予而不求回報的四禪天；在入夜時獲得天眼通，遍觀十方無量世界和過去世、現在世、未來世的一切事情。凌晨時分，他大徹大悟，終於獲得無上大道，成為圓滿正等正覺的佛。

釋迦牟尼菩提樹下成佛，降服魔王時以右手觸地的手印，被稱為「觸地印」或者「降魔印」。

以上這幅唐卡描寫的就是釋迦牟尼降魔成道的內容。圖中釋迦牟尼佛居中結金剛跏趺坐，右腿在外左腿在內，稱「降魔坐」或「降伏坐」；右手垂放右腿上，手指觸地施「降魔觸地印」，左手掌心向上平置右腳上，結「禪定印」。釋尊的頭頂上方是魔王波旬帶著他的魔兵、魔將前來挑釁，然而眾魔所投的毒箭、毒雷卻變成鮮花，散落釋尊身邊。釋尊左上方手持弓箭者就是魔王波旬；右下方描繪的是釋迦牟尼用神通力將一個魔女變得又老又醜。在畫面下方，講述了釋尊為諸菩薩

講經的情形。而在左下角，則凸顯了釋尊成道的處所——菩提樹下成道塔。

　　此唐卡整幅畫面內容豐富，形象生動，顏色富麗，畫工精細，構圖嚴謹，十分難得。

每日法語

　　故說般若波羅蜜咒，即說咒曰：揭諦揭諦，波羅揭諦，波羅僧揭諦，菩提薩婆訶。

　　　　　　　　　　　　　　　　　　　——《般若波羅密多心經》

佛祖調伏旁門左道

　　這是一幅釋迦牟尼佛唐卡，描述了釋迦牟尼降伏外道六師的故事。

　　釋迦牟尼成佛後，許多外道不服，與他明爭暗鬥。當時，王舍城內有外道六師，他們蠱惑國王的弟弟，不敬奉佛法。國王得知後，勸說弟弟施捨供物，宴請佛陀。

王弟在國王苦勸下，答應他的要求，舉辦了一次大宴會，邀請包括佛陀在內的很多人參加。

　　佛陀帶著弟子們來到會場，只見外道六師早已高坐上位，只好與弟子次第而坐。這時，外道六師的上座忽然變成下座，排在佛陀後面。他們大驚，連忙起身趕往上座，可是當他們落座後，頃刻間又變成下座。如此三番，六師沒有辦法穩住自己的座次，只有坐在下座。

　　在場人見此，無不暗自驚訝，然而接下來的事情更令人稱奇：當王弟捧著水盆讓佛陀和六師洗手時，六師伸手接水，水卻下不來；他只好請佛陀先洗，佛陀洗畢，六師方能洗手。當王弟請佛陀和六師祝願時，六師張口卻說不出話來，只是以手指佛陀；佛陀開口祝願，梵音繞耳，眾生傾倒。當王弟請佛陀和六師講法時，六師如前無法說話，又以手指佛陀；佛陀為眾人說法，妙音無限，為大眾開解法果，皆大歡喜。

　　宴會結束，六師惱羞成怒，為了鬥敗佛陀，一雪前恥，他們決定各自外出，學習奇術。最後，他們學成空中飛行、身出水火、分身散體等各種變化魔術，於是廣聚門徒，向佛陀請戰。

　　王舍城國王聽說後，對他們說：「佛法弘大無邊，如果你們一意孤行，豈不是蜉蝣撼樹嗎？你們太愚蠢了。」

　　六師不聽，執意與佛陀一較高低，並當著國王的面下了戰書，約定七日後較量。國王只好將此轉告佛陀，並請他降伏外道。

　　佛陀說：「我知道了。」於是，國王開始準備鬥法場地，並在第七日派人迎請佛陀。

　　出人意料的是，此時佛陀早已帶著弟子們離開王舍城，趕往毗舍離國去了。六師聽聞，大喜過望，放出狂言說：「什麼佛？知道自己法力

有限，害怕失敗，所以逃跑了。」他們傲慢無知，一心要鬥敗佛陀，因此氣咻咻趕往毗舍離國，要求毗舍離國王做主，在該國境內與佛陀鬥法。

可是到了第七日，當毗舍離國王派人迎請佛陀時，發現他已經與弟子們趕往拘睒彌國了。六師更加狂傲，不顧一切地緊追而去。如前兩次一樣，當他們準備與佛陀較技時，佛陀又帶著弟子離去了。

經過多次輾轉，最後佛陀來到了舍衛國，六師也緊隨而至。舍衛國國王請求佛陀顯神通，給六師一點教訓。

佛陀再次說道：「我知道了。」

這次，佛陀沒有離去。

七日後，佛陀和弟子們來到鬥法場地，接受施捨。進食完畢後，佛陀接過楊枝，咀嚼後投擲地面，忽見一株大樹拔地而起，高達數丈，枝繁葉茂，上面結著馥郁的果實。樹根發出燦爛的光焰和美妙的聲音，佛陀在樹下說法，眾生心生喜悅，心智開解，不少人得果昇天。

第二天，佛陀在身旁化成兩座寶山，一座堆滿稻米，一座長滿芳草。飢餓的人上山吃米，飢餓的牛羊啃食青草。佛陀再次宣講佛法，得果升天者又有多人。

第三天，佛陀接受供養後，將漱口水吐在地上，化成一池聖水，其中遍滿七寶之沙，八種蓮花。與會眾人見此奇景，紛紛稱讚佛陀功德。佛陀為眾人講法，增其福業善德。

接下來幾天，佛陀一連顯示多種神通，眾皆嘆服，對佛生起無量信解。佛陀為眾生說法，一切有情皆發無上心，心心相知，眾人皆大歡喜。

到了第八天，帝釋天請佛陀升獅子座，並與梵天王侍立左右。佛陀在獅子座上發出大象吼音後，五大神鬼立即顯現，擊碎六師的座位；金剛杵發出猛烈火焰，直撲六師頭頂。六師驚恐逃遁，落入河中而亡。

　　六師的弟子們見此，紛紛跪倒佛陀座前，請求皈依化渡。佛陀唸道：「善來比丘，鬚髮自落，法衣在身，皆成沙門。」話音剛落，他們果真頭髮脫落，身披法衣，修成阿羅漢果。

🌸 每日法語 🌸

　　色不異空，空不異色；色即是空，空即是色；受想行識，亦復如是。

　　　　　　　　　　　　　　　　　　——《般若波羅密多心經》

釋迦三尊

　　這幅唐卡中站立主尊左右下方的是舍利佛和目犍連，他們位列佛祖
十大弟子之首，舍利佛以智慧第一、目犍連以神通第一，與佛祖並稱釋
迦三尊。

　　目犍連以「大神通者」聞名於世，他依仗著上天入地的神通，對於

佛法的宣揚有著極大貢獻。但是學佛之人都知道,佛陀常常斥責賣弄神通的人。比如長眉羅漢,本是優填王的大臣,名叫賓頭羅波羅墮,跟隨佛陀出家後,得到神通,曾在白衣前炫耀,結果佛陀很不客氣地呵斥了他,並且命令他和僧團分開,獨自到西瞿耶尼州去教化。唯有目犍連的神通,佛陀非但沒有斥責,而且常常加以讚揚。

這並非佛陀偏心,而是佛陀知道一個事實:目犍連以神通幫助宣化佛法,這固然不錯,但他如此作為的結果,終究不能使自己免於報應。因為每個人都要為自己做過的事負責,這個因緣報應是免不了的。縱使目犍連具有再大的神通也不能倖免,佛陀也正想以這個事實來教誡後人。

在目犍連行雲流水的佈教生活中,遭到了外道嫉妒。外道沒有辦法對付佛陀,就將矛頭指向目犍連。

有一次,目犍連在宣揚佛法的途中,經過伊私闍梨山下。當時的裸形外道已經在此地設下埋伏,他們看到目犍連後,從山上推下亂石擊殺目犍連。亂石像雨點似地落下,目犍連無常的肉身立即被打成重傷。

裸形外道雖然襲擊了目犍連,但是兩、三天內都不敢走近他身亡的地方,懼怕他的神通力,害怕遭到報復。目犍連的肉身就這樣灰飛煙滅,沒有做出任何反應。

目犍連為了傳播佛法的菩提種子,遭遇外道的迫害,為後世立下為法犧牲的榜樣。這件事傳到阿闍世王耳中,他非常震怒,下令逮捕兇手,予以嚴懲。數千裸形外道,在阿闍世王的激怒之下,被投進火坑!

雖然外道被阿闍世王處死,卻無法平息比丘們對目犍連殉教的悲哀,大家唉聲嘆氣,感到世間上的事太不公平,以目犍連那麼大的神通

威力，為什麼不能避免外道的襲擊！比丘們心有不甘，大家集合起來問佛陀：「佛陀！這樣一位有大神通的尊者，為什麼不與外道對抗呢？至少，他可以用神通來躲避外道的暗算啊！」

更有放不下的人，他們無限傷感地對佛陀說：「佛陀！我們也知道應該有為教犧牲的精神，但目犍連尊者這麼早就入滅了實在令人惋惜，有許多弘化的事業，都需要他來領導。佛陀！他的這次遭遇，您怎麼不早點警告他，讓他事先有所防備？」

佛陀用安慰鼓勵的口氣對大家說：「諸比丘！目犍連殉教的時候，並不是他不知道防備，他有大神通力，可以保衛自己不死，但是修行的人不可違背因果法則。」說到這裡，他停頓一下，講出了目犍連的前世因緣。

原來，目犍連在前世中曾經捕殺過魚，殺生的罪業深重，必須有所了結。而且，目犍連早就發願要把他的生命獻給佛法，現在有機會可以滿足他的願望，他很歡喜入滅。講完這些，佛陀接著說：「如果我的弟子都能有目犍連犧牲殉教的精神，佛法就能更加發揚光大。諸比丘，你們應該效法目犍連尊者！」

每日法語

若有眾生唸阿彌陀佛，願往生者，彼佛即遣二十五菩薩，擁護行者，一切時，一切處，不令惡鬼惡神得其方便。

——《十往生經》

三世佛

　　三世佛，分為豎三世佛和橫三世佛兩種說法。前者按照時間意義劃分，是指過去佛，燃燈佛；現在佛，釋迦牟尼佛；未來佛，彌勒佛；而後者按照地域劃分，則指東方世界，藥師佛；西方極樂世界，阿彌陀佛；婆娑世界，釋迦牟尼佛。

《楞嚴經》說：「世為遷流」，指出佛教因果輪迴中，「世」乃個體一期生死的時間跨度。因此，三世指前世、現世、未來世，又叫三際、三生。「世」無長短之分，既可以是「剎那三世」，也可以是「人生三世」。最常見的說法一劫為一世，豎「三世佛」就是這種意義上的概念。所謂三世三千佛，意思就是過去世中的一千佛，統稱燃燈諸佛；現在世中的一千佛，統稱釋迦牟尼佛，而未來世的一千佛，則統稱彌勒佛。

過去世時，燃燈佛出生之際，身邊光亮如燈，故名燃燈。當時，釋迦牟尼的前世為一名侍童，十分崇仰燃燈佛，供養給他五枝青蓮花，並追隨他修習佛法。有一次，釋迦牟尼隨同燃燈佛外出，路過一段泥濘地面時，他毫不猶豫地脫下衣服，鋪在路面上，請燃燈佛踏衣而行。燃燈佛見他虔誠可嘉，就為他授記，說：「九十一劫後，是賢劫世，那時你當作佛，號釋迦牟尼佛。」

佛教認為，一劫為四十三億兩千萬年，經過九十一劫後，釋迦牟尼果然成佛，他就是現世佛。而未來佛，彌勒佛，是佛教三十三重天淨世界教祖，他從極樂世界降生於一個婆羅門之家，軀體金色，俱足三十二相八十種好。他拜釋迦牟尼佛為師，在華林園龍華樹下成正覺，開始傳播佛法，並修得慈心三昧。

此幅唐卡正是描繪了豎三世佛的內容，居中為釋迦牟尼佛，左下為彌勒佛，右下為燃燈佛。

關於橫三世佛，即藥師佛、釋迦牟尼佛、阿彌陀佛。藥師佛是東方淨琉璃世界的教主，又稱藥師琉璃光佛、大醫王佛。他曾經發願：「除一切眾生眾病，令身心安樂」，因此具有治病救苦的能力，他告訴世

人：如果有疾病苦惱，可以請僧侶誦經，點燃七層之燈，每一層安置七盞燈，使其旋轉如車輪，並且懸掛五色續命神幡四十九尺，那麼疾病自會解除，災難得以過渡。

　　釋迦牟尼佛為娑婆世界的教主。「娑婆」是「堪忍」、「能忍」的意思，具有兩層含意，一是說釋迦牟尼佛教化的眾生，罪孽深重，充滿了不堪忍受的苦難；一是說佛在現實世界中以慈悲心懷和無畏的精神，忍受著重重勞累，不辭辛苦地教化眾生。

　　阿彌陀佛，又稱無量壽佛，是西方極樂世界的主佛，代表智慧，意思是光明無限，壽命無限。

每日法語

　　一切行無常，不恆、不安，是變易法。諸比丘！常當觀察一切諸行，修習厭離、不樂、解脫。　　　　　　　　　——《雜阿含經》

五種智慧五方佛

　　五方佛，即東方香積世界不動佛、南方歡喜世界寶生佛、中央法身佛毗盧遮那佛、西方極樂世界阿彌陀佛、北方蓮花世界不空成就佛，又稱作「五智如來」，分別代表東、南、中、西、北五方，是佛教密宗裡供奉的主尊佛。

　　在上面這幅唐卡中，五方佛按照相對位置排列，居中的是毗盧遮那

佛。毗盧遮那佛意為「光明遍照」，是釋迦牟尼的化身之一，代表法界體性智，總括五種智慧，因此又叫「大日如來」。他跏趺端坐赤色蓮臺上，頭戴五寶天冠，手結大智拳印，身後流光遍照。智拳印指的是兩手分別做金剛拳，再以右拳握左手食指於當胸。觀看此相者可以消除煩惱，得到佛的智慧。

毗盧遮那佛土是第一佛土，此佛土名色究竟淨土。意思是不在任何之下，亦即至高無上，美得難以想像、難以言說之意。毗盧遮那佛是五方佛至尊，除了遍照宇宙萬物外，還能利養世間萬物，恩惠一切有情無情，啟蒙佛心，使其獲得不可思議的成就。密宗教法，正是有毗盧遮那佛演說而來，因此被尊為密宗始祖，其論述《大日經》、《金剛經》，被奉為密宗根本經典。

在唐卡左下方是阿閦佛。「阿閦」是「不動如山」的意思，象徵意志堅定、一心求悟。因此阿閦佛又稱作東方不動如來。不動如來擁有「大圓鏡智」的清靜智慧，是證悟真樂與佛土的本尊，他面為藍色，結跏趺坐青色蓮臺上，象徵法性不變，像鏡子一樣可以映照世間一切。

佛經記載，不動佛本是久遠劫之前東方阿比羅提國的一位教主，在成佛前，因侍奉大日如來，受其感化，修行成佛，於是在東方世界建立淨土，弘揚佛法。東方不動如來佛土是第二佛土，名喜悅淨土，以真樂為名，意思為生於該土者，不再退轉。

寶生佛位於唐卡左上方，意為寶貴之源，即所有成覺的光榮都可能在此佛上獲得，代表平等性智。寶生佛通身金色，安坐金色蓮臺上，左手執衣兩角，右手仰掌，成滿願印。象徵著寶生佛有求必應，凡求助於他或者虛心求教的人，都能立即獲得滿願。寶生佛土為第三佛土，名具

德淨土，此土之佛賦有光榮，具有成就正覺的一切品性和能力。

右上方為阿彌陀佛。南無阿彌陀佛本是天竺國的一句話，「南無」意為恭敬、信仰、皈依；「阿彌陀」是無邊的智光、無窮的福壽之意；所以這句話合起來的意思就是敬從那無邊無量智光福壽的聖人。在佛經中曾經記載過一段故事：佛陀問舍利佛說：「那位西方極樂世界的佛，為什麼叫做阿彌陀佛？」舍利佛不知，佛陀自答道：「阿彌陀佛光明無限，照耀十方世界，沒有一點障礙，阿彌陀佛和他的子民們擁有無量無邊的壽命，所以才叫阿彌陀佛啊！」

阿彌陀佛土是第四佛土，名為極樂世界，其中從未聞苦、從不受苦。其本尊為無量光，又叫無量壽，端坐在蓮花與滿月輪上，由八隻孔雀抬著。阿彌陀佛面為紅色，象徵著妙觀察智，令修行者心性平和而安適，解脫輪迴之苦。

不空成就佛，代表成所作智，其佛土為第五佛土，名勝樂淨土，意思是行為，是完全，是圓滿。表示一切想做的事都能輕易完成。

不空成就佛轉化的煩惱是嫉妒。嫉妒消失，成就自來。所以，不空成就佛的寶座由一種名叫「CHUCUOG」的動物抬著，此動物有時是水牛，有時是桑桑鳥。前者象徵嫉妒；後者象徵成就。這是因為古時人們出海尋寶，如果能夠聽到桑桑鳥的叫聲，即使沒有見到它，也能有所收穫。不空成就佛面為綠色，含有一本尊行多種行的意思，他手持雙金剛，指向四方，意味著無論何處，他沒有不能成就之事。

🌸 每日法語 🌸

佛以法為師，法是佛之母，佛依法而住。——《大方便佛報恩經》

佛光遍照大日如來佛

　　大日如來,即毗盧遮那佛,「如來」即是「佛」的意思。大日如來是藏密最高階層的佛,被奉為最高神明,他統率著所有佛和菩薩,是根本佛。《大日輕疏》稱:「如來日光遍照法界,亦能開發眾生善根,乃至世間事業由之成辦。」大日如來可以智慧之光遍照一切世間萬物,

不分晝夜，不分內外。因此，不管有情無情，都可以得到大日如來的恩惠，進而啟發佛心，獲得成就。

《華嚴經》稱，在佛報身的淨土，只住著佛和菩薩，是「佛國」，大日如來就是那裡的教主。當大日如來在世時，有位信徒十分虔誠佛法，發願修橋鋪路，造福眾生。為此他輾轉各地，遇到險水陡山，就想盡辦法架設橋樑、開闢道路，做了很多方便他人的善事。很多次，他見到長者或者幼童背負重物行路時，就會毫不猶豫地上前幫忙，直到把對方送到目的地。

有一年，國王準備設齋供養大日如來佛，這位信徒聽說後，立刻把佛將要經過的道路整修一番，畢恭畢敬地站在家門前恭候佛路過。當大日如來經過此地時，看到道路平坦，十分高興，伸手為恭候一邊的信徒摩頂，並說：「你發願修路，地平如此，心平亦是如此，你很快就會證果了。」信徒聞言，頓覺開悟，感到自己的身體與世間萬物再無區別，自己的心性坦然無染，似乎沒有了「我」的存在。至此，他修得了阿羅漢果，並轉世為持地菩薩。

大日如來點化持地菩薩，是光明理智的象徵。本幅唐卡名為「普明大日如來」，正是顯示了佛的無邊光明和智慧。圖中，大日如來面為白色，表無垢、無惡，坐在有蓮花、月輪為墊，由八隻雪獅抬著的寶座上，右手持法輪，左手持鈴。每隻雪獅皆象徵證悟色蘊本性，八隻雪獅合在一起，象徵圓滿證得法界體性智。蓮花與月輪所象徵的是方便與根本智，藉著方便與根本智，可以克服迷惑與妄想，進而將諸惡業轉為善業。而大日如來手中法輪，象徵法輪常轉不息，手中發鈴表示以和藹、慈悲、可親的能力法渡施教。

禮讚中稱：斷除惡趣毗盧遮那佛，引極樂土怙主阿彌陀佛，淨除三毒病苦藥師佛，恭敬禮讚眾生三依怙。供奉大日如來本尊，能夠給您帶來光明理智，除妖避邪，通天地之靈氣，取萬物之精華，勇往直前，光明快樂。

🌸 每日法語 🌸

　　佛法在世間，不離世間覺，離世覓菩提，恰如求兔角。正見名出世，邪見名世間，邪正盡打卻，菩提性宛然。——《壇經·般若品》

極樂教主阿彌陀佛

　　久遠劫前，自在王佛住世時，有位國王聽聞佛法後，發無上道心，捨棄王位，出家為僧，法號法藏。法藏比丘在自在王佛前修行，他那時有佛出世，名為世自在王佛，亦在教導眾生，離苦得樂、成就佛道的方法。阿彌陀佛聽了世自在王佛的開示後，非常高興，也發心出家，要成

就無上佛道。法藏比丘當時前往世自在王佛所，請求佛開示所有的佛國情形，並且受到佛力加持，親眼見到了所有的佛國土的優劣，與住眾人天的善惡。又觀察到了往生的方法，有些要持五戒，有些要修十善，有些要佈施，有些要行六渡波羅蜜，有些要發菩提心……不一而足，才能往生。法藏比丘此時心想：「這些能持戒的少數眾生，或能修十善、佈施、行六渡波羅蜜，或能發菩提心，能靠自己的力量往生他所想去的佛國土，可以不需要我法藏比丘擔心，倒是那些做不來的眾生，勢必要常沉淪在六道輪迴的漩渦裡，出離無期。」

　　想到此，法藏比丘非常不忍心，他心想常沒的眾生，才是最需要救渡的對象，我一定要發大誓願，成就最殊勝莊嚴的世界，並且毫無條件地讓眾生都能往生，以救渡他們，且讓他們最快速成佛；縱使這個願，是過去諸佛所都沒有發過的，並且需要經過不可思議、兆載永劫的時間來修行、莊嚴才能完成。接下來法藏比丘，就是在這種發心下，超發了無上殊勝的四十八大願，並用了不可思議、兆載永劫的時間來修行，最後真的達成了他的志願，創造了最莊嚴的極樂世界。

　　阿彌陀佛四十八大願：

　　設我得佛，國有地獄、餓鬼、畜生者，不取正覺。

　　設我得佛，國中天人壽終之後，復更三惡道者，不取正覺。設我得佛，國中天人，不悉真金色者，不取正覺。

　　設我得佛，國中天人，形色不同有好醜者，不取正覺。

　　設我得佛，國中天人，不識宿命，下至知百千億那由他諸劫事者，不取正覺。

　　設我得佛，國中天人，不得天眼，下至見百千億那由他諸佛國者，

不取正覺。

設我得佛，國中天人，不得天耳，下至聞百千億那由他諸佛所說，不悉受持者，不取正覺。

設我得佛，國中天人，不得見他心智，下至知百千億那由他諸佛國中眾生心念者，不取正覺。

設我得佛，國中天人，不得神足，於一念頃，下至不能超過百千億那由他諸佛國者，不取正覺。

設我得佛，國中天人，若起想念貪計身者，不取正覺。

設我得佛，國中天人，不住定聚，必至滅渡者，不取正覺。

設我得佛，光明有限量，下至不照百千億那由他諸佛國者，不取正覺。

設我得佛，壽命有限量，下至知百千億那由他劫者，不取正覺。

設我得佛，國中聲聞，有能計量，乃至三千大千世界眾生，悉成緣覺，於百千劫，悉共計校知其數者，不取正覺。

設我得佛，國中天人，壽命無能限量，除其本願，修短自在。若不爾者，不取正覺。

設我得佛，國中天人，乃至聞有不善名者，不取正覺。

設我得佛，十方世界無量諸佛，不悉咨嗟稱我名者，不取正覺。

設我得佛，十方眾生，至心信樂，欲生我國，乃至十念，若不生者，不取正覺。唯除五逆，誹謗正法。

設我得佛，十方眾生，發菩提心，修諸功德，至心發願，欲生我國，臨壽終時，假令不與大眾圍繞現其人前者，不取正覺。

設我得佛，十方眾生，聞我名號，繫念我國，植諸德本，至心迴

向，欲生我國，不果遂者，不取正覺。

設我得佛，國中天人，不悉成滿三十二大人相者，不取正覺。

設我得佛，他方佛土諸菩薩眾，來生我國，究竟必至一生補處。除其本願，自在所化。為眾生故，被弘誓鎧，累積德本，渡脫一切，遊諸佛國，修菩薩行，供養十方諸佛如來。開化恆沙無量眾生，使立無上正真之道，超出常倫，諸地之行，現前修習普賢之德。若不爾者，不取正覺。

設我得佛，國中菩薩，承佛神力，供養諸佛，一食之頃，不能遍至無量，無數億那由他諸佛國者，不取正覺。

設我得佛，國中菩薩，在諸佛前，現其德本，諸所求欲供養之具，若不如意者，不取正覺。

設我得佛，國中菩薩，不能演說一切智者，不取正覺。

設我得佛，國中菩薩，不得金剛那羅延身者，不取正覺。

設我得佛，國中天人，一切萬物，嚴淨光麗，形色殊特，窮微極妙，無能稱量。其諸眾生，乃至逮得天眼，有能明瞭，辯其名數者，不取正覺。

設我得佛，國中菩薩，乃至少功德者，不能知見其道場樹無量光色，高四百萬里者，不取正覺。

設我得佛，國中菩薩，若受讀經法，諷誦持說，而不得辯才智慧者，不取正覺。

設我得佛，國中菩薩，智慧辯才若可限量者，不取正覺。

設我得佛，國土清淨，皆悉照見十方一切無量無數不可思議諸佛世界，猶如明鏡，睹其面像。若不爾者，不取正覺。

設我得佛，自地以上，至於虛空，宮殿樓觀，池流華樹，國土所有一切萬物，皆以無量雜寶百千種香而共合成。嚴飾奇妙，超諸天人。其香普薰十方世界。菩薩聞者，皆修佛行。若不爾者，不取正覺。

設我得佛，十方無量不可思議諸佛世界眾生之類，蒙我光明觸其身者，身心柔軟，超過天人。若不爾者，不取正覺。

設我得佛，十方無量不可思議諸佛世界眾生之類，聞我名字，不得菩薩無生法忍諸深總持者，不取正覺。

設我得佛，十方無量不可思議諸佛世界，其有女人，聞我名字，歡喜信樂，發菩提心，厭惡女身，壽終之後，復為女像者，不取正覺。

設我得佛，十方無量不可思議諸佛世界諸菩薩眾，聞我名字，壽終之後，常修梵行，至成佛道。若不爾者，不取正覺。

設我得佛，十方無量不可思議諸佛世界諸天人民，聞我名字，五體投地，稽首作禮，歡喜信樂，修菩薩行，諸天世人，莫不致敬。若不爾者，不取正覺。

設我得佛，國中天人，欲得衣服，隨念即至，如佛所贊應法妙服，自然在身。若有裁縫搗染浣濯者，不取正覺。

設我得佛，國中天人，所受快樂，不如漏盡比丘者，不取正覺。

設我得佛，國中菩薩，隨意欲見十方無量嚴淨佛土，應時如願，於寶樹中，皆悉照見，猶如明鏡，睹其面像。若不爾者，不取正覺。

設我得佛，他方國土諸菩薩眾，聞我名字，至於得佛，諸根缺陋不俱足者，不取正覺。

設我得佛，他方國土諸菩薩眾，聞我名字，皆悉逮得清淨解脫三昧，住是三昧，一發意頃，供養無量不可思議諸佛世尊，而不失定意。

若不爾者，不取正覺。

設我得佛，他方國土諸菩薩眾，聞我名字，壽終之後，生尊貴家。若不爾者，不取正覺。

設我得佛，他方國土諸菩薩眾，聞我名字，歡喜踴躍，修菩薩行，俱足德本。若不爾者，不取正覺。

設我得佛，他方國土諸菩薩眾，聞我名字，皆悉逮得普等三昧。住是三昧，至於成佛，常見無量不可思議一切諸佛。若不爾者，不取正覺。

設我得佛，國中菩薩，隨其志願所欲聞法，自然得聞。若不爾者，不取正覺。

設我得佛，他方國土諸菩薩眾，聞我名字，不即得至不退轉者，不取正覺。

設我得佛，他方國土諸菩薩眾，聞我名字，不即得至第一忍，第二第三法忍，於諸佛法不能即得不退轉者，不取正覺。

他願世間眾生能夠和樂相處，遠離煩惱。

發願後，法藏比丘專心於莊嚴淨土，精進修行。他從不貪慾、從不瞋怒、從無惱恨，不為外界聲色所動，忍辱堅持，不計較一切勞苦，沒有虛偽諂媚之心，勇猛精進自己的誓願，從不懈怠疲倦，敬奉三寶，惠利眾生。

法藏比丘自己精進之時，也教他人行六渡萬行，無窮劫以來，積功累德，教化無數眾生。在他轉生的地方，果真滿足他的意願，自然顯發無量珍寶庫藏；在他教化下，不管國王、富豪，還是天主、天王，常常以飲食、衣服、醫藥等供養諸佛。如此功德，難以計數，終於他口中發

出青蓮香氣，身上散發栴檀香味，氣味薰染無量世界；他的容貌端正無比，身相殊勝美妙，手中自然湧出無數珍寶、華服美物。這一切超過諸天人民的功業福德，法藏比丘得大自在，修成佛果。他就是現在居住在西方世界，距婆娑世界十萬億國土的阿彌陀佛。他居處的佛國名為「安樂」，又稱極樂，因此被稱為極樂教主。

西方極樂世界位於娑婆世界的西邊，從娑婆世界往西邊去，大約經過十萬億個大千世界的地方，那個地方的眾生沒有生、老、病、死四種苦，也沒有五蘊熾盛苦、怨憎會苦、愛別離苦、求不得苦，以及其他種種的苦，純然受諸多快樂，所以那個地方叫做「極樂世界」、「安養世界」或「安樂國」。又依經典所載，教主阿彌陀佛「威神光明，最尊第一，諸佛光明，所不能及！……乃諸佛中之王，光明中之極尊也。」其在佛教中的崇高地位，由此可知。

這幅黑唐卡正是描述阿彌陀佛極樂世界的情景。畫面上阿彌陀佛居中安坐，周圍都是虔心求法的信徒。整幅畫面以黑色為基底，用純金色勾勒，點綴少量色彩，象徵性的暈染出人物和景物的主要結構及明暗，意趣神祕而深沉。

🌸 每日法語 🌸

若諸法實有，不應以心識知故有，若以心識知故有，是則非有。

——《大智渡論》

藥師七佛

　　藥師七佛出自「藥師如來本願功德經」。藥師如來，別名為大醫王佛，供奉此佛的目的，除了在於醫治百病，謀現世的利益外，也祈能醫治一切眾生的病源，即根本無明的痼疾。

　　兩千多年前，印度有八個聖地，為釋迦牟尼佛講法之處，其中廣嚴

城為主要場所之一。在城中，有一棵巨大的樹，叫「樂音樹」。此樹高大挺拔，枝葉繁茂，形成一片廣大濃蔭，坐在樹下如同置身密林。當時，佛陀就在樹下為眾多比丘、菩薩、居士宣揚佛法，開示大眾。

有一天，曼殊室利法王子也在樹下聽法，聽到釋尊講到正法期過後，進入末法期時，出現五濁現象，立即恭敬地祈請釋迦牟尼佛講述其他佛陀的名號與本願，以利後世眾生。所謂五濁，指的是「劫濁」、「見濁」、「煩惱濁」、「眾生濁」與「命濁」，「劫濁」指末法中天災人禍頻生，彷彿大自然之定律變得大亂；「見濁」指在末法中，與正法相違矛盾之邪見充斥世間；「煩惱濁」是指末法中之眾生貪、嗔、癡極重而增長；「眾生濁」是指末法中之眾生不信因果善惡、不忠不孝等普遍現象；「命濁」是說末法期中眾生橫死、短命、夭壽之現象多見。五濁出現，即為惡世，此世中的眾生必將福薄而根鈍，遭遇種種厄難。

釋尊接受王子祈請，開示了五濁中苦難眾生最具利益的法門——藥師七佛法門。藥師七佛分別是東方琉璃世界藥師如來、法海雷音如來、無憂最勝吉祥如來、金色寶光妙行成就如來、寶月莊嚴光音自在如來、法海勝慧遊戲神通如來及善名稱吉祥王如來，七位如來各有其莊嚴佛土，以藥師佛為首共稱「藥師光王七佛」。他們住在東方去此四恆河沙乃至十恆河沙世界，曾經發四十四大願，要利益五濁惡世中的苦難眾生。

王子得受藥師法門，當即發誓要滅除一切眾生苦難。這時，信徒中有位菩薩，名救脫，站立起身，偏袒右肩，右膝著地，合掌向佛陀請示：「世尊，末法時期，如果眾生為疾病所苦，羸弱不能進食，奄奄一息，他的父母親屬必會圍著他哭啼哀傷。這時，魔王會前來索其魂魄，

根據他一生善惡，判決他歸於何處。父母親人見此情景，無能為力必定更為痛心，要是他們能夠為逝去者皈依諸佛，替他供養種種莊嚴，如此經過七日，或者兩個七日，直至七個七日，可以為他累積福德，減輕罪業，不是更好嗎？」

救脫言畢，阿難立即答話：「您說的七日供養，到底該如何做呢？」

救脫回答：「應當為病人七日七夜持八戒齋。應以飲食及餘資具隨其所有供佛及僧晝夜六時恭敬禮拜七佛如來讀誦此經四十九遍，燃四十九燈，造彼如來形像七軀一一像前各置七燈。七燈狀圓若車輪乃至四十九夜光明不絕，造雜彩幡四十九並一長幡四十九尺，放四十九生。這樣做即能離災厄難，不為諸橫惡鬼所持。」

這一說法得到佛陀及眾肯定。從此，藥師七佛救渡五濁惡世眾生，最具能力與因緣，因此成為藏密中最為尊崇的一個法門。

每日法語

若人壽百歲，邪偽無有智，不如生一日，一心受正智。若人壽百歲，不知大道義，不如生一日，學惟佛法要。　　——《法句經》

藥師琉璃光如來

　　這是一幅藥師佛唐卡，畫面上，藥師佛身穿袒右佛衣，左手擎缽，右手施法印，端坐蓮花寶座之上，背光明亮，祥雲繚繞，給人莊嚴神祕之感。

　　藥師琉璃光如來，簡稱藥師佛，能夠解除生死之病，故名藥師；又

能照見三有之光，故稱琉璃光。藥師佛是東方淨琉璃世界的教主，率領著日光遍照與月光遍照兩大菩薩等眷屬教化眾生。

東方淨琉璃世界清淨純一，不受慾念侵染，也遠離三惡趣等苦惱。其中土地由淨琉璃覆蓋，地面上的宮殿樓閣由七寶所造，莊嚴殊勝，與西方阿彌陀佛佛土互為照映。藥師佛成道前，曾經發十二願，其中有「使眾生飽滿所欲而無乏少」、「使一切不具者諸根完具」、「除一切眾生眾病、令身心安樂、證得無上菩提」、「使眾生解脫惡王劫賊等橫難」等。均為眾生祈求現世安樂，並願他們早證菩提。這與阿彌陀佛為眾生祈求來世安樂多少不同。故此，藥師佛成為現世眾生消災延壽的法門。

在藥師佛唐卡中，常見的還有藥師佛本尊居中，其左右日光菩薩與月光菩薩護衛的畫面。日光、月光二菩薩，又稱為日耀、月淨二菩薩，是藥師佛的兩大輔佐，也是東方淨琉璃佛土中無量菩薩的上首菩薩。

關於藥師佛，至今流傳著這樣的故事：很久很久以前，凡間居住著一位百姓，他有兩個孩子。因為目睹世間疾病橫行常年戰亂不斷，心發菩提意，發誓要拯救民眾遠離疾病痛苦。恰逢電光如來行化世間，對他的行為極其讚賞，於是便勸這位百姓改名為醫王，還為他的兩個孩子改名為日照和月照。這位蒙受電光如來囑託的百姓，成佛之後就是藥師如來。日照，就是後來的日光菩薩。日光菩薩的名號，取自「日放千光，遍照天下，普破冥暗」的意思。此菩薩持其慈悲本願，普施三昧，以照法界俗塵，摧破生死之暗冥，猶如日光之遍照世間，故取此名。日光菩薩與觀世音菩薩的大悲咒也有密切關係。持誦大悲咒者，日光菩薩當會與無量神人來為作證，並增益其效驗。凡是持誦大悲咒者，如能再持

日光菩薩陀羅尼，則能滅一切罪，也能避除魔障及天災，得不可思議果報。

　　二子中之月照，就是月光菩薩。如同日光菩薩一樣，月光菩薩與觀世音菩薩的大悲咒也有密切的關係。凡是至心持誦大悲咒的修行者，月光菩薩也會與無量神力來增益其持咒效驗。修行者在持捅大悲咒過後，如果能再加誦月光菩薩陀羅尼，則月光菩薩當會來加庇護，使持咒者除去一切障難與病痛，並成就一切善法、遠離各種怖畏。

　　在藥師佛的無量菩薩眷屬裡，月光菩薩與日光菩薩是位居上首的最重要菩薩。兩人都位居補處，秉持著藥師如來的正法寶藏。

每日法語

　　吽！吽！使出您的全力，哦！威武的護法神，喳！喳！縛住這個敵人，不可讓它逃循，吧！吧！用您的威神力，解放我們。哦！偉大的克死之神，斬！斬！斬斷那束縛我們自私自利的心結。　──《劍輪修心法》

大慈大悲觀音菩薩

　　過去時劫中，阿彌陀佛為轉輪聖王時，育有一位太子，名「不眴」，具有大悲心。當寶藏如來為轉輪王授記時，不眴太子上前對如來說：「佛祖，我今日發願，願我行菩薩道時，遭受苦難的眾生，如果能夠憶著我，唸著我的名號，我就能夠聽到、看到他，為他們解脫苦難。

如果我不能解除他們的苦難，那麼我終不成就佛果。佛祖，我還要為眾生發最殊勝的大願，祈願轉輪王在西方淨土世界渡化眾生，涅槃之後仍然住世。我將在無量壽佛分滅之後，即可成就佛果，繼續渡化眾生。」

寶藏如來聽罷，立刻為他授記，並說：「你觀察一切眾生苦難，起大悲心。為了解除他們的苦惱，為了讓他們安樂，我為你命名『觀世音』。在無量壽佛涅槃後，他的佛國轉名為『一切珍寶所成就』世界，到那時，你將在菩提樹下成佛，號為『遍出一切光明功德山王如來』。」

這一故事出自《悲華經》，講述觀世音菩薩以大慈大悲普渡眾生、備受眾生崇仰的緣由。這幅唐卡中，主尊觀世音菩薩相貌端莊慈祥，表示具有無量的智慧和神通；端坐海中生出的蓮花上，當人們遇到災難時，只要唸其名號，他便前往救渡。

關於觀世音菩薩救助眾生的起源，在《觀世音菩薩‧得大勢菩薩受記經》中，還有一段更為動人的記載。

在過去久遠劫前，有位國王名叫威德，管轄著一千多個國家。這些國家全部處於佛法教化範圍內。

有一天，威德王在園林中入定的時候，忽然從身邊左右各湧出一朵蓮花，每朵蓮花上端坐一位童子。他們與威德王一起到佛陀座前，頂禮膜拜，聽講佛法。

兩位童子當即頌偈說：「諸位天龍鬼神，今天我們在此立誓發菩提心。無數劫以來，諸佛為了渡化一個眾生，也需要行無數劫菩薩道。如今只是數劫時間，已經超渡無量眾生，怎麼會有疲倦心呢？所以，我們從今天起，如果還有貪慾、嗔怒、嫉妒之心，將是欺誑十方一切諸佛，

不利於超渡眾生。我們一定要在萬億劫中，以大悲心渡脫眾生，使世界清淨安樂美妙莊嚴。願我成佛之時，我國土再也沒有聲聞眾，沒有緣覺乘，只有發菩提心的大乘菩薩。如我等發願真實不虛，應當震動三千大千世界。」

頌偈聲落，果真大地震動，樂聲繚繞，妙物美衣自天而降，香氣四溢流放，眾生歡悅無比。

這兩位童子就是觀世音和大勢至菩薩。在無量劫之後，當阿彌陀佛涅槃之際，觀世音菩薩在七寶菩提樹下成就無上正等正覺。其佛國土生長七種寶物，莊嚴美妙。

觀世音菩薩因地初心發起本願功德，攝取淨土莊嚴佛國，放大光明普照十方無量無邊的三千大千世界。

由於觀世音菩薩曾經發願：「假使有眾生，能受持讀誦大悲神咒者，若不能往生諸佛清淨國土者，我即發誓不成無上正等正覺。」所以，他的大悲願力，為了發起一切菩薩的菩提心，為了安樂一切眾生成就一切眾生的道業故，仍然示現為菩薩。

常常供養觀世音菩薩，專心稱唸觀世音菩薩的名號，可以得無量的福德，可滅無量的罪業，臨命終後往生阿彌陀佛極樂世界。

每日法語

一切罪懺悔，諸福皆隨喜，及勸請諸佛，願證無上智。過去及未來，現在人中尊，無量功德海，我今稽首禮。

——《佛說三十五佛名禮懺文》

十一面觀音菩薩

　　觀音菩薩在上師阿彌陀佛前發菩提心，要渡盡一切受苦的眾生；還發下誓願，如果退心，當頭裂千瓣。可是，在經過無法計數的長久劫之後，仍有很多眾生受著苦難，這時菩薩不免稍微有點退心。剎那間，菩薩頭部立刻應當初誓言，裂為千瓣。於是阿彌陀佛來到菩薩面前，拾起

裂為千瓣的頭顱，為他加持並給與鼓勵，遂有了十一面觀世音菩薩。

這幅唐卡描述的正是十一面觀世音菩薩，她站立蓮花座上，八臂十一面，頭部多個面容，各不一樣。在她周圍，上方圍坐高僧活佛，下方有各位護法，充分顯示其無上悲心與功德。

十一面觀音菩薩以十一面心咒救渡眾生。佛經上記載了這一心咒來歷。

恆河沙數劫外，有佛名百蓮花眼頂無障礙功德光明王如來，當時，觀世音菩薩在佛前，聽到佛作大持咒仙人中王，進而獲得此咒。這時，十方諸佛眼見佛忽然即得無生法忍，才知道此咒具有無量神力，能夠利益眾生。

釋迦牟尼佛住世時，有一天，無量菩薩大眾彙聚王舍城耆闍崛山中，前後圍繞佛陀頂禮聽法。觀世音菩薩也在此列，他對佛陀說：「我有心咒，名十一面，是十一億諸佛所說。」說著，他講了心咒由來，並接著說：「如今為了利益一切眾生，我要將其告知大眾。」

佛陀點頭應允。觀世音菩薩說出心咒，並詳細講解持此咒法：每天早晨沐浴全身，或者漱口、洗手，然後誦持此咒一百零八遍。照此行為，持咒者現世既可以得到十種果報，衣食無憂，疾病不染，怨恨消除，遠離災禍，不墮地獄，命可長壽。

佛陀聽聞，開示道：「善哉善哉，你能於一切眾生起大慈大悲心。眾生知道此等神力，必會發菩提心，成就善果。」說完，他表示也要受持此神咒。

觀世音菩薩從寶座身來，偏袒右肩，跪地合掌，右膝著地，五體投地禮佛足。然後退坐一邊，誦持神咒。

有了十一面心咒，也就有了十一面觀世音菩薩造像。

為了表示敬意，十一面觀世音菩薩造像須用白旃檀木而作，分為前三面、左三面、右三面、後一面、頂上一面，這些面容各不相同，當前三面做菩薩容，左三面為忿怒相，右三面狗牙上出容，後一面做大笑狀，頂上一面做佛面。《慧沼釋疏》說：前三面慈相，表示見善眾生面慈心，大慈與樂；左三面嗔面，表示見惡眾生而生悲心，大悲救苦；右三面白牙上出面，表示見淨業者發稀有贊，勸進佛道；後一面暴大笑面，表見善惡雜穢眾生而生怪笑，改惡向道；頂上佛面，表對習行大乘機者而說諸法，究竟佛道。

每日法語

一切諸法，皆是虛假，隨其滅處，是名為實，是名實相，是名法界，名畢竟智，名第一義諦，名第一義空。——《涅槃經‧憍陳如品》

四臂觀世音

　　四臂觀音，藏語稱「奇木格」，被認為是雪域西藏的守護神，其六字大明咒「嗡、嘛、呢、叭、咪、吽」在藏區備受崇仰，家家戶戶、老幼婦孺都能吟誦。六字大明咒功德無量，持此咒者，可以消除病苦、刑罰、非時死之恐懼、壽命增加、財富充盈，即使命終之時，通往下道阻

諸門亦得而封閉，得以人、天之神受生，接觸佛法，功德利益，不可勝數。

在藏密中，把達賴喇嘛奉為四臂觀世音菩薩的化身，將其與文殊菩薩、金剛手菩薩共奉為三族姓尊，分別代表大悲、大智、大力，是藏密修習者必修法門。

四臂觀音以大悲心救渡無數眾生，常以兩種相狀出現，一為忿怒相，一為寂靜相。在這幅唐卡中，四臂觀音以寂靜相示現，結跏趺坐於蓮花月輪上，全身發五彩光輝，照耀十方。身顏潔白如月，黑髮結髻，頭戴五佛冠，身上裝飾著耳飾、胸飾、手鐲等八種珠寶飾物，相貌莊嚴豐滿，表情慈悲，一雙慧眼凝視眾生。他一頭四臂，其中兩手在胸前結合掌印，手捧摩尼寶珠；另兩手一手持水晶念珠，一手拈八瓣白蓮花。

此相狀中，每一莊嚴都有深意。一頭表示通達法性，四臂表示四無量心，身色潔白表示清潔無垢，不為煩惱所苦。頭戴五佛冠表示五智，髮黑表示不染，五色天衣表五方佛，雙跏趺表不住生死，手印表不住涅。而中央兩手合十表智慧與方便合一雙運，另右手中水晶念珠，表每撥一珠即救渡一眾生出脫輪迴，左手持白蓮花，表清靜無惱。至於凝視眾生，表被注視者可得解脫。

四臂觀音曾經前往餓鬼城救渡有情眾生。餓鬼大城中，到處都是餓鬼，他們口中噴火，臉面燒焦，身體枯瘦，鬚髮蓬亂，身上的毛髮倒豎著，肚子像山一樣大，喉嚨卻細如針眼。一個個醜陋不堪，駭人無比。觀世音菩薩來到餓鬼大城城門，城中的猛火立即熄滅，變成一片清涼地。這時，守城的餓鬼手中的熱鐵棒忽然不自覺地掉到地上。剎那間，他一雙醜陋的眼睛變得通紅，心底升起慈悲，覺得自己不能再守護這塊

充滿罪惡的地方了。

觀世音菩薩發起大悲心，從他的十根手指和十根腳趾指端流出一條條河流，進而他身上的每個毛孔都變成泉源，不斷地流出清涼的甘泉。城中的餓鬼們一見甘泉水，蜂擁上來暢飲。在他們飲下甘泉水的時候，他們的喉嚨變得寬大了，身體也豐滿起來，肚子漸漸消下去，恢復常人形態。

接著，餓鬼們面前有了各式各樣的美味佳餚，他們每個人都有飯吃，吃飽喝足，好不歡喜。歡喜心起，就聽《大乘莊嚴寶王經》在四周發出微妙悅耳的聲音，傳入每一位餓鬼的耳中，他們的各種煩惱，各種不適，頃刻間被金剛杵破壞無餘。於是，餓鬼們升入極樂世界，統統成為菩薩，名字叫隨意口。

🌸 每日法語 🌸

我們盲目地走向輪迴之苦，卻毫不在意，執迷下去。踩它！踏它！在這詭詐自私的念頭上跳舞！把自我心中的邪思拋卻，它扼殺了我們最終的解脫。

——《劍輪修心法》

千臂觀世音

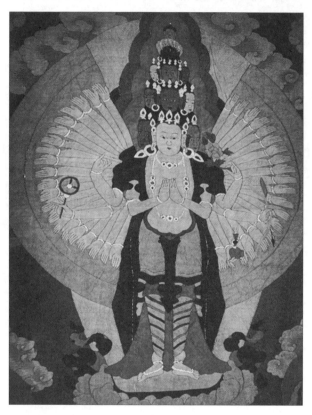

　　這是一幅珍貴的雙面成像清朝緙絲唐卡——《千手觀音像》。「緙
絲」是一種非常複雜的編織工藝，是用幾十種彩色的蠶絲線，經手工用
「通經斷緯」的方法織出來的紡織品，工藝非常複雜，所以有「一寸緙
絲一寸金」的說法。

千手觀音是阿彌陀佛的左脅侍，與阿彌陀佛、大勢至菩薩（阿彌陀佛的右脅侍）合稱為「西方三聖」，又稱千手千眼觀世音、千眼千臂觀世音等。「千」為無量及圓滿之義，以「千手」表示大慈悲的無量廣大，遍護眾生，以「千眼」代表智慧的圓滿無礙，遍觀世間。

　　在過去無量劫前，千光王靜住如來住世，有一次，觀世音菩薩聽佛講《廣大圓滿無礙大悲心陀羅尼經》時，感悟眾生的苦難和煩惱多種多樣，眾生的需求和願望不盡相同，應該有眾多的無邊法力和智慧去渡濟眾生。因此為了利益一切眾生，他發誓願：「若我當來堪能利益安樂一切眾生者，令我即時身千手千眼俱足」。誓願畢，果真長出千身千手，其中俱足如意寶珠、日精摩尼寶珠、葡萄手、甘露手、白佛手、楊柳枝手等等。在這幅唐卡中，可以看到千手觀音赤足站立蓮花托盤之上，四周祥雲繚繞，身前有七隻手，前兩手屈手上舉於胸前，手指自然舒展，表示了佛為救濟眾生的大慈心願手印；第二對手雙臂上曲，右手以拇指與中指（或食指、無名指）相撚，其餘各指自然舒散。這一手印象徵佛說法之意，所以稱為說法印。左手持花，第三對手左手持輪，右手持弓；右邊下方還有一隻手拿的是瓶或者壺，佛像的手勢和所拿的「輪、壺、花、弓」等法器，代表了：「息災」、「增益」、「敬愛」、「降伏」。其餘的手在身後左、右、上方像孔雀開屏巧妙地分佈。

　　觀世音菩薩俱足千手，無論眾生渴求財富還是消除災病，都能大發慈悲，解除諸般苦難，施與百般利益。《陀羅尼經》云：千手千眼觀世音能利益安樂一切眾生，隨眾生之機，相對五部五種法，而滿足一切願求。

　　關於千手觀音的故事很多，其中一個講到在古印度有位妙莊王，他

有三個女兒，大女兒妙金、二女兒妙銀、三女兒妙善。妙善自幼虔信佛法，一心出家修行，可是妙莊王非常反對她的想法，堅決阻止她。妙善不肯依從父王，依然經常到廟中聽講佛法。

妙莊王十分生氣，一怒之下放火燒了寺廟，其中五百位僧人全被燒死。由於做了惡業，妙莊王身上長了五百個大膿瘡，任何醫生都無法醫治，什麼藥物也沒有效。最後，有一位醫生來到王宮，向妙莊王獻上醫治之法，就是利用他親骨肉的一隻眼、一隻手做藥。

這件事傳到三位公主耳中，大公主和二公主都很害怕，她們無論如何也不肯捨棄自己的眼和手。而三公主妙善聽了，立刻表示願意獻出自己的眼和手為父王治病。可是，誰也不敢挖她的眼，砍她的手，於是她就自己挖出眼睛，砍斷手臂，送給父王做藥。

妙莊王服用藥物後，身上的膿瘡轉瞬消失，身體康復如初。

妙善的善行感動佛，佛召見她，為她開示：「妳捨了一隻眼、一隻手，我就還妳一千隻眼、一千隻手。」果然，妙善長出千手千眼，成為眾生崇敬的觀世音菩薩。

有意思的是，據說千手千眼觀音像的手總是數不清，數來數去總出錯，大多數人認為四十隻手代表千手，每一手中各有一眼。您不妨數一數這尊唐卡中的千手觀音到底有多少隻手。

每日法語

一切有為法，如夢幻泡影。如露亦如電，應作如是觀。

——《金剛經》

智慧化身——文殊菩薩

　　文殊菩薩，又稱文殊師利菩薩，是智慧的象徵。修持文殊法門，能得速慧、深慧、廣慧、說法慧、辯法慧及撰述慧六種不同智慧。

　　文殊菩薩於西元前六世紀出生在舍衛國，婆羅門族姓中，他從母親的右肋而生，通身紫金色，一出生就俱足三十二相，八十種好。當時，

他家裡出現十大祥瑞之徵，院子裡蓮花盛開，光亮照耀屋內外。

　　文殊菩薩與釋迦牟尼是同時代的人，佛陀說法四十九年中，三百多次的大乘法會，文殊菩薩幾乎都參與其中。當佛陀在靈山會上放白毫光，文殊深知佛意，即請佛陀宣揚法音，宣導圓乘佛性，奠定佛教大乘思想的基礎。而文殊菩薩的睿智，也讓與會的菩薩、羅漢等，心悅誠服地尊稱他為大善知識。

　　在當時的釋迦僧團中，婆羅門種姓佔有絕對優勢，他們多數人厭離世俗，習慣於苦行，其中迦葉就是一位典型人物。他們無法接受大乘法提倡的許多做法，為此產生很大疑惑。為了幫忙他們正確認識大乘法，有一次靈山大會，會上有五百比丘，他們秉持己見，不肯接受釋迦摩尼提倡的大乘法，無法深入佛法境界。於是，文殊菩薩手持利劍，逼迫佛祖。佛祖說道：「文殊在世，我一定會被殺。我雖然被人害，到底是誰害我的？」

　　佛祖一言，眾比丘恍悟，他們像是從夢中驚醒一般，都懂得了忍的道理。後來，他們用一偈語讚頌文殊菩薩：「文殊大智士，深達法源底，手自握劍，逼持如來身，如劍佛亦爾，一相無二相，無相無所生，是中雲自殺？」文殊菩薩用殺佛的辦法，來教育五百比丘，使之悟解大乘定義，證得法忍，堪稱佛祖得力的助手。

　　文殊不僅是一位深解大乘空義的智者，還能熟練運用神通幻術。有一次，文殊對眾生宣講大乘空義，說道：「不用見佛，不用求法」。當時聽他宣講的有兩百比丘，以為文殊胡說八道，就憤然離去。文殊知道他們的心意，就在半路上變化成一堆大火，擋住他們的去路。這些比丘有些法術，意圖飛身跳躍，不料空中突然出現鐵絲網，使他們無法前

行。

　　兩百比丘內心恐懼，走投無路的情況下，只得回頭，卻見青蓮遍佈，無限光明。他們踏著青蓮返回，回到佛祖的處所，並向佛祖說明路上遇到的事。佛祖微微頷首，對他們說：「內火未盡，欲度外火，無有是處。汝諸比丘，墜在見網，欲度鐵網，亦無是處。……此之愛見，無所從來，亦無所至。從妄想生，無我，無我所。」聆聽佛祖教誨，兩百比丘心中的火氣冷靜下來，清除各自心中孽障，餘漏永盡，修成了阿羅漢果。

　　文殊菩薩形象較多，既青年，又威猛，形如童子，卻是諸佛母。他有時手握蓮花，象徵智慧的高尚純潔；有時手握寶劍，表示智慧能斷除一切煩惱。有時騎坐金毛獅子，表示勇猛威武；有時安居蓮臺，表示清淨無染；有時騎乘孔雀，表示飛揚自在。在這幅唐卡中，他安居蓮臺，手持寶劍，實乃佛門至聖。

每日法語

　　——懺悔一切罪，所有福德盡隨喜，我今勤請一切佛，願證最勝無上智。過去現在未來佛，於眾生中最勝尊，讚嘆無邊功德海，我今合掌皈敬禮。
——《三十五佛懺》

力量化身——金剛手菩薩

　　大勢至菩薩是阿彌陀佛的右脅侍，有兩種相狀，一為寂靜像，一為忿怒像。其忿怒像的化現因為手持金剛杵，故得名金剛手菩薩。金剛手菩薩是藏傳佛教噶舉派崇奉的本初佛，是最為重要的神祕傳授神之一。傳說，龍樹薩入南天鐵塔內取出的密教聖典，就是金剛手所結集的。

十方諸佛的功德，包括智、悲、力，三者是渡化眾生的根本，其中文殊菩薩是智慧的象徵，觀世音菩薩是大悲的象徵，而金剛手菩薩則是力量的象徵，因此又被稱作「大力尊」。他曾經攜帶金剛杵解脫地獄眾生。

當地獄中眾生正在受苦時，突然間閻羅獄卒倉皇失措，鐵嘴烏鴉和啄食人肉的鷹鷲驚慌亂奔，漆黑如墨的地獄內光芒萬丈，照亮四方。眾生歡悅無比，禁不住議論紛紛，尋找突變的原由。這時，他們驚喜地看到虛空中金剛手菩薩身放火焰，手持金剛杵，正是他解救了地獄眾生的苦難。

眾生因為對金剛手菩薩生起歡喜心，罪業頓時消除，並跟隨菩薩前往極樂世界的清淨剎土。這一故事告訴世人，持誦金剛手菩薩的名號、心咒，即使轉生惡趣中，也可以從中解脫。

金剛手菩薩常以手拿鈴、杵，雙手交叉於胸前的形象出現。金剛杵原來是古印度的一種兵器，後來被佛教密宗吸收為法器。密宗用金剛杵代表堅固、鋒利之智，表示佛的智慧可斷除煩惱，除去魔障，金剛杵也表示如來金剛智印。

此幅唐卡的本尊正是金剛手菩薩，他一面二臂三目，身黑藍色，頭戴五股骷髏冠，髮赤上揚，鬚眉如火，撩牙露齒捲舌，三紅目圓睜，十分怖畏，右手施期剋印，執金剛杵，左手忿怒拳印，持金剛鉤繩當胸，以骨飾與蛇飾為莊嚴，藍緞與虎皮為裙，雙足右屈左伸，威立在蓮花日輪座上，於般若烈焰中安住。

金剛手菩薩統攝財寶天王（毗沙門）與財神護法等夜叉部之主尊，亦為象頭王、龍王、阿修羅之部尊。修持此法門，有無量無邊之不可思

議功德。就是說，金剛手菩薩俱足威勢權力，制伏諸魔外道，消滅地、水、火、風空所生之災難，信眾一切所求，無不如願成就。

這是一幅以各色顏料做背景的彩唐，畫面富貴典雅，色彩鮮豔輝煌，表現出一種神聖的氣氛；畫面底色隨「地界」至「天界」的內容變化而變化；畫面極富動感與質感，畫面上的佛像躍然欲出，栩栩如生，在信徒的幻覺中，宛如置身於天界之內。

每日法語

是法平等，無有高下，是名阿耨多羅三藐三菩提。——《金剛經》

神仙難移金剛杵

這幅唐卡講述了佛陀為弟子講法時發生的一件有趣故事。

有一次，弟子們圍坐在佛陀身邊，聽他講法說經，其中金剛手菩薩手持金剛杵，護衛佛陀，虔心聽法，十分投入。阿闍世王注意到金剛手菩薩手中的金剛杵，看他好像十分輕鬆的樣子，心生疑惑：「這個金剛

61

杵到底有多重呢？」

阿闍世王向金剛手菩薩提出自己的問題。金剛手菩薩回答說：「此杵不重不輕，它觀待於人心，沒有固定重量。在傲慢者面前顯得特別重，而在謙虛者面前顯得特別輕。」

阿闍世王好生奇怪，就上前握住金剛杵，打算把它舉起來。可是他使盡全力，金剛杵卻絲毫不動。本來他對自己的力量頗具信心，因為他率軍作戰時，神勇無比，能降伏很多軍隊，但面對金剛杵，卻不能動它分毫，真是令人稱奇。

他越想越覺得這件事蹊蹺，就找到帝釋天，讓他試試。帝釋天可是力大無比，他以前與阿修羅作戰時，輕而易舉就掄起阿修羅王的大車，像風車般在空中迴轉。然而，當他手握金剛杵時，也是無法將它挪動半分。

帝釋天也感到奇怪，就請來「神通第一」的目犍連，讓他試試金剛杵。目犍連的本事可不得了，他能把大海水放在手掌上，轉動世界就像用手指轉動硬幣般輕鬆，可以阻止日月運行，能把須彌山丟進梵天世界。可是，他也無法移動小小的金剛杵。

眾人深感驚訝，尤其是目犍連，還以為自己的神通消失了，趕緊跑到佛陀面前詢問。佛陀聽了事情的經過，微笑著說：「你的神通力並沒有減少。不過，由於菩薩的威力及其加持力，才使菩薩以下的任何人，使出多少力氣也不能移動這只金剛杵。」接著，佛陀講述了菩薩具有不可思議威力的原因。原來，菩薩在成佛之前，寧可捨棄自己的生命，終不肯捨棄正法；他對人虛懷若谷，絕不在尚未得悟者面前誇耀自己的證悟；而且，他憐憫許多弱小者，絕不毀損他們……這些善行被稱作佛界

的「修行十法」。透過這十法因緣，金剛手菩薩才具有如此威力，可以輕鬆地持握金剛杵。

由於金剛杵的特殊意義，後來諸尊聖神所執持的某些器仗，也被稱呼為「金剛杵」了。進而把它轉變為修法用的道具專稱。許多行者常常攜帶金剛杵，這是為了顯示：揮如來之金剛智用，破除愚癡妄想之內魔，以展現自性清淨之智光。在佛教「曼荼羅海會」的「金剛部」諸尊，都是執持此杵的。因為金剛杵含有「摧毀敵者」的意思，後世把它演繹成「降伏諸魔外道」的作法用具。

如今，「金剛杵」的杵形，出現許多變化，含有不同的特殊意義。比如一鈷（股）標示「獨一法界——一真法界」；三鈷表顯「身、口、意」三密平等；五鈷表示「五智五佛」。五鈷的中間一鈷，表示佛之「實智」；周邊四鈷，表示佛之「權智」。而周邊四鈷向內彎曲，表示「權智」必歸「實智」之義。另外，「杵」的上下兩端，鈷狀相同，表示佛界、眾生界同具五智之義。

🌥 每日法語 🌥

所有一切眾生之類：若卵生、若胎生、若濕生、若化生；若有色、若無色；若有想、若無想、若非有想非無想，我皆令入無餘涅槃而滅渡之。如是滅渡無量無數無邊眾生，實無眾生得滅渡者。何以故？須菩提！若菩薩有我相、人相、眾生相、壽者相，即非菩薩。

——《金剛經》

地藏菩薩慢成佛

　　「智成就佛」未出家前正是一個小國的國王，地藏菩薩恰好也是鄰國的小國王。二王平時非常友好，他們都是採用佛法中不殺、不盜、不淫、不惡語、不妄語、不兩舌、不綺語、不貪、不嗔、不癡的「十善法」統治國家，並不斷努力造福民眾。但是，其他國家的人民，偏偏多

造眾惡，善法無法實施，於是二王時時很憂慮的計議著怎樣才能感化民眾為善的辦法；可是，心性倔強惡習已久的民眾，用盡了所有方法也無法感化，因而，一個國王很感慨地發願：

「願我早日成佛，普渡這些眾生，不令有一個遺漏。」

另有一個國王也很同感地發願：

「我如不先渡盡罪苦眾生，我如不能使諸眾生從安樂中圓成佛道，我終不願先成佛道。」

不久，發願早成佛道的國王出了家，成為一切智成就如來；發願先渡盡眾生然後成佛的國王，一直到今仍不辭辛苦的渡著性情剛強的眾生，住著難行能行的菩薩位，這就是大願地藏王菩薩。

本幅唐卡正是以地藏菩薩為主尊，描述了他「地獄不空，誓不成佛」的偉大精神。

在佛界，菩薩的地位比佛相差一級，協助佛傳播佛法，救助眾生，地藏菩薩為了救渡眾生，發願：「眾生渡盡，方證菩提；地獄未空，誓不成佛。」他為什麼具有如此偉大的志願呢？

在無量的劫數以前，地藏菩薩投生到一位長者家中，是家裡的兒子。當時，佛教的教主名叫師子奮迅俱足萬行如來，在世間廣佈佛法。一次偶然的機會，那位長者的兒子見到了師子奮迅如來。這一見非比尋常，長者的兒子驚奇得差點叫出聲來，他被師子奮迅如來的莊嚴相貌深深吸引：師子奮迅如來面如滿月，端嚴無比；眼睛就像青蓮華葉，光彩清澈；他雙手過膝，身上呈現紫磨金色，威光顯耀，超過任何世人想像的莊嚴。

長者的兒子不知不覺對如來五體投地，他頂禮膜拜，並請教：「世

尊，請問您過去修的什麼法，得到如此相貌？」

師子奮迅如來回答他說：「要想得到我這般相貌，必須發菩提心，多做善事，在以後歷代劫數中，不停地渡脫一切受苦眾生。」

長者的兒子一聽，立即毫不遲疑地在師子奮迅如來座前發出誓願說：「從今天起，不管到什麼時候，我一定盡最大努力，超渡一切眾生。之後，我自身才成佛道。」因為第一次接觸佛法，他就發下這麼大的願心，此後，地藏菩薩在無數的劫數中，或者轉生為男子身，或者轉生為女人身，或者到地獄中，或者為畜生身，他總是不停地為眾生謀利益，哪怕是上刀山下火海，都在所不辭。

🌸 每日法語 🌸

善惡之報，如影隨形，三世因果，循環不失，此生空過，後悔莫追！

——《涅槃經‧憍陳如品》

寂天菩薩摧毀外道壇城

　　這是寂天菩薩修道的唐卡，關於他摧毀外道壇城的故事出現在多部佛經中。

　　一次，寂天菩薩路過迦底毗舍梨城國王宮殿外，恰好國王的一個女僕倒洗澡水，沒注意潑到寂天身上。那些水頓時如遇熱鐵般沸騰起來，

女僕驚訝無比，剛要上前聞訊，卻已不見了寂天蹤跡。

當時，迦底毗舍梨國內，有位名叫香迦得瓦的外道十分猖獗，他為了打擊佛教，宣揚自己的道法，向國王提出一個要求：兩天後，他將在虛空中繪製大自在天壇城，如果佛教徒不能毀壞此壇城，他將焚毀佛教經籍、佛像等，佛教徒也必須轉入他的教門。

國王信奉佛教，聽了這個要求後，十分驚慌，連夜召集僧眾，告知了外道的挑戰，請他們想辦法摧毀天壇城。可是，僧眾們雖多，卻無人敢應戰，沒有人想出什麼好主意。國王見此，焦急萬分，不知所措。

國王的那位女僕聽到了消息，她急忙向國王回報曾經遇到寂天的異事。國王一聽，趕緊下令讓女僕帶著人去尋找那位異人。經過多方尋找，女僕在一棵樹下見到了寂天。她恭敬地施禮後，對寂天說：「外道打算修建天壇城，如果佛教徒不能摧毀它，那麼就必須轉入他的法門。國王為此很著急，因此派我來請大師，前去降服外道，保護佛法。」

寂天明白事情原委，爽快地答應下來，與女僕一同回宮，並叮囑她準備一大瓶水、兩塊布和火種。國王很不放心，問道：「就準備這些東西，夠用嗎？」

寂天回答：「足夠了。」

兩天後，香迦得瓦外道果然依計行事，用彩土在虛空中繪畫大自在天壇城。這時，國王、王后帶領大臣們來到場地上，他們四周聚集了無數佛教徒和外道們，諸多人拭目以待，等待事情的結果。

就在外道剛剛繪出壇城東門時，寂天行動了，他入風瑜伽定，顯示神變，頓時起了一場狂風暴雨，剎那間，天壇城東門被摧毀無跡。同時，那些探頭縮腦的外道們也被暴風捲起，像落葉一般被打落四方，哭

叫不已。

　　此時天昏地暗，什麼都看不見，寂天從眉宇間放出一道光明，照亮著國王、王妃以及佛教徒。狂風暴雨下，國王和王后的衣飾凌亂，身上落滿塵土，十分狼狽。女僕趕過來，用事先準備的那瓶水為他們清洗，並將兩塊布分別給他們兩人披上，又用火種點燃火堆。頓時，火光焰焰，溫暖舒適，在場人眾無不歡欣喜悅。

　　此事過後，國王親自下令拆毀外道廟堂，外道門徒無處可去，紛紛皈依佛門。寂天降伏外道的那塊地方，一直為人們所紀念，被稱為「外道失敗地」。

　　降服外道，寂天顯示出高超的法力。後來，他在雲遊弘法過程中，還多次與外道辯論，挫敗他們，彰顯佛法。有一次，他在曼迦達西部不遠的地方，遇到五百名持邪見的外道門徒。由於當地鬧飢荒，這些外道們吃不飽、穿不暖，遭受苦難。無可奈何之下，他們商議決定，誰要能解決眾人的食物問題就推他為首領。

　　寂天知道後，就到城中化了一缽米飯，然後運用法力加持。結果，他把這缽米飯送給外道徒眾後，他們取食不盡，解脫了飢餓痛苦。外道們尊奉他為首領。寂天便為他們傳授佛法，最終他們拋棄邪見，皈依了佛門。

每日法語

　　五毒愚癡魔所持，懈怠惡業如海湧，隨他救怖偽法相，暫生緣之八無暇。

——《如意寶藏論》

第二篇

關於金剛、護法的唐卡故事

金剛護法證悟

　　佛陀住世時，考慮到末世會有誹謗正法、破壞寺廟者，便派請四大
聲聞、十六阿羅漢等護持佛法。當時，梵天、帝釋天、四天王、十二神
將、二十八部眾聽聞佛言，得知這一消息後，皆發願護持正法，護衛佛
法免受妖魔的侵襲和打擾，維護佛教教義的完善，協助修行者降伏外在

和內心的障礙，修持正法。這些擁護佛法的眾神，被稱為護法神。

　　後來，隨著佛教發展，護法神越來越多，職能也越來越全面，除了守護佛教外，還擔當起保護眾生的責任，具有息災、增益、敬愛、降伏等四種濟世功德。

　　如今，藏密護法神中主要有兩類，一是世間護法，一是出世間護法。世間護法數量眾多，包括金剛具力神、大梵天神、善金剛、長壽五仙女等，為護法神的主要組成部分；出世間護法主要有吉祥天母、大黑天、黃財神等，數量較少。不管哪種護法，他們的造像都很複雜，分為善相、怒相兩類。善相多為女性形象，一面二臂，安坐寶座，象徵和平與寧靜；而怒相形象複雜得多，通常多面多手，姿勢坐立不一，身體呈現紅、黃、藍、白多種顏色，坐騎也有牛、羊、豬、狗不同形象。另外，怒相護法神會有各種手印、法器，變化多端，以奇形怪狀昭示眾生。

　　在所有護法中，密教行者修習任何密法之前，常先修金剛手，這是因為金剛手菩薩能降伏魔擾，護持行者。修持金剛手菩薩法，具有無量不可思議之功德。能俱足大威權，制伏諸魔外，還能消滅一切地、水、火、風、空所生的災難；一切所求，無不如願成就；命終之時，直生西方淨土。因此金剛手菩薩成為統轄一切金剛護法，輔助佛陀渡化眾生的護法神，是藏密無上瑜伽部最高層次的本尊，是修行者覺悟和證得智慧的重要保障。

　　本幅唐卡中的本尊正是金剛手菩薩化身的守護神——具誓金剛善。他是蓮花生大師進藏弘法時的守護神，是大師最得意之護法，人稱第二蓮師或護法大將軍，或承諾吉祥金剛。

西元八世紀，蓮花生大師接受藏王邀請進藏弘法，金剛手菩薩敕命丹堅多吉列巴，化身為一名鐵匠，具持誓言，密護佛法，駐守貢嘎雪山，為蓮花生大師的事業護法，護持世間法成就。由於「丹堅」，意為「具誓言者」，因此他又被稱為具誓金剛善。

蓮花生大師開創藏密基業，是寧瑪派祖師，故此具誓金剛善也成為藏密寧瑪派三不共護法之一。

具誓金剛善威力極大，無敵不摧，可破邪魔外道符咒，降魔於瞬刻之間。永遠保護佛法，利益眾生，尤其保護大圓滿教法，對治毀謗三寶、犯三昧耶戒，毀誓戒之佛弟子，擔任息、增、懷、誅四事業。

具誓金剛善顯現不一，有騎獅子的，也有騎山羊的。本幅唐卡中，本尊顯現為騎雪獅忿怒相，一面二臂三目，黃髮捲曲，頭戴藏鎧兵帽，三目赤紅圓睜，鬚眉如火戲，露牙捲舌。右手高舉天鐵金剛杵，左手持魔心，做啖食狀，跨坐於雪山青毛白獅之上，安住於般若智焰中央。

每日法語

深寂離戲光明無為法，吾得猶如甘露之妙法，縱為誰說亦不能了知，故當無言安住於林間。　　　　　　　　　　　——釋迦牟尼

大輪金剛手菩薩三尊合一

　　這是一幅金剛手菩薩、馬頭明王、大鵬金翅鳥三尊合一的唐卡。本尊金剛手一面雙臂，身體為深藍色。右手上舉，持金剛杵，左手當胸持期克印。頭髮為黃色，如火焰上揚。在金剛手的頭頂，有一綠色馬頭，這就是馬頭明王。在馬頭的上方，有一大鵬金翅鳥王，嘴如金剛，翅如

75

利劍，威猛恐怖。此尊來自於十方諸佛為了令修持正法的人能免於和消除各種修行上及生活中的障礙所化現。佛說，諸佛聖眾將所獲加持和各種功德化為白、黃、紅、藍、綠等不同顏色的光及甘露聖水，從十方收回到「吽」字中，變為自性金剛手。接著「吽」字放出藍色光，一剎那變為自身金剛手三尊合一。他們的身化成了大鵬金翅鳥，他們的語化成了馬頭明王，他們的意化為金剛手。

可見，這位三身合一的忿怒尊不僅是大鵬金翅鳥、馬頭明王及金剛手三尊合一，更是十方所有佛等聖眾的身、語、意之總體合一身。

由於世間及修行上障礙很多，這些障礙既有來自內心的，也有來自天上、地下及地面的，金剛手三合一忿怒尊中的金剛手能夠降伏閻羅，故可以克服地下障礙；馬頭明王是畜生道教主，故能降伏地面障礙；大鵬金翅鳥可以降伏龍類，飛翔天際，故能對付天上障礙，如此一來，所有一切障礙，都由金剛手三合一忿怒尊掌控，完全可以護衛佛法及修行者。

在三尊中，馬頭明王普渡眾生的故事在世間流傳很廣。

久遠劫之前，有批商人出海行商，在海上遇到颱風，巨大的海浪打翻他們的船隻，將他們打落海中。這些人抱著船隻破碎的木板飄蕩海中，幸運地逃到一處海島上。然而，這是一座女魔島，島上的女魔幻化成美女勾引商人。商人們貪戀紅塵，與魔女結合，在島上過起安逸生活。

時間久了，有人發現魔女的祕密，他們十分驚恐，準備逃走。可是女魔豈容他們一走了之，於是將他們一一抓住，打算吃掉他們。在這萬分危急關頭，馬頭明王現身救了商人，把他們送回家鄉去與親人團聚。

商人們從此信服佛法功德，紛紛皈依佛法。

馬頭明王救苦救難，一直深受眾生敬仰，有一處寺院曾經供奉其佛像。一天夜裡，寺中修行的僧人坐經時，忽然聽到遠處傳來三聲馬鳴，第二天夜裡，馬鳴聲再次想起，一連幾天都是如此。大家都很奇怪，為什麼同一時間有三聲馬鳴，而且次數又一樣？

於是，僧人跑到遠處馬鳴處查看，這是一座石崖，在崖頂的石洞內竟然有一尊瑪瑙石天然生成的馬頭明王佛像！僧人大喜，他抱著佛像回到寺內，將其放入原來馬頭明王的塑像腹中。這一做法在佛界稱作「裝藏」，此後寺中馬頭明王像更具神祕色彩，也更令人敬仰。

修持金剛手三尊合一，可以獲得無比力量，破除所有障礙。

每日法語

若求勝妙福報而行施時，慈心不殺、離諸嫉妒、正見相應、遠於不善、堅持禁戒、親近善友、閉惡趣門、開生天路、自利利他、其心平等。若如是施，是真佈施，是大福田。
　　　　　　　　　　　　　　　　　　　　——《佈施經》

大威德金剛主宰生死

　　這是一幅明朝中期打籽繡唐卡，主尊為大威德金剛。此尊為文殊菩薩的忿怒化身，為藏密無上瑜迦寶生部三本尊，也是格魯派密宗所修本尊之一，因能降服惡魔，故稱大威，又有護善之功，故又稱大德。

　　大威德金剛曾經降伏死神閻魔天，這一故事流傳已久。

相傳，有一位修行者很有神力，為了精進修行，選擇一處山洞苦修。當他在洞內一次次禪定，知道自己將要達到完美的涅槃境界時，他的神靈出離軀體，進入虛空中。

　　這時，恰好有群偷牛賊偷了一頭牛進入山洞內，他們殺牛後，你爭我奪地搶食起來。吃著吃著，他們猛然看到了那位修行者的軀體。偷牛賊們大驚，害怕他會洩露這件事，因此一刀砍下他的頭顱，將頭顱扔進山谷中。

　　修行者在虛空神遊的觀想意識回到軀體後，發現自己的頭顱不見了，急忙在洞內尋找，打算再將頭顱安上。可是他找來找去，卻始終找不到頭顱。最後他大怒，認為自己所有的努力都被偷牛賊毀滅。這一念之際，死神閻魔天附到他的身上，拿起被砍下的牛頭裝到修行者的脖子上，讓他成為恐怖死神。

　　恐怖死神名副其實，他利用自己的超能力報復仇人，殺死了所有偷牛賊。不僅如此，他還到處濫殺無辜，嗜血成性，用死者的頭顱做缽盂。轉眼間，整個藏區籠罩在血雨腥風之中。

　　為了結束這場噩夢，虔誠的眾生聚集起來，祈求文殊菩薩幫助降伏那位修行者。文殊菩薩在眾生的求救聲中，開示道：「這並非大慈大悲的能力就能辦到，要想克服這股強大的怒火，只有讓怒火重新轉世。」為此，文殊菩薩化現出水牛頭，變化出忿怒八相，來到閻魔天居住的宮殿。

　　魔殿有三十四扇窗戶，十六道門，文殊菩薩的憤怒化身見此，以智慧的戰術展開三十四臂和十六足，封堵住閻魔宮殿所有門窗。然後，他開始降伏閻魔天的嗔恨，並對他弘法。閻魔天被困殿內，終被勸服，皈

依佛法。

　　文殊菩薩的忿怒化身，正是大威德金剛，因他降伏閻魔天，故又有「死亡征服者」之稱，也被叫做牛頭明王。

　　大威德金剛形象很多，一般為雙身，忿怒相，十分兇猛，擁抱的明妃也是滿臉惡相。在此幅唐卡中，大威德金剛身體呈青色。具有九個頭，分三層排列。最下層七個頭，居中藍色，有一對水牛角，象徵閻王；左右各三個頭，顏色各異；第二層一頭，為吃人夜叉，名參怖；頂層一頭，為文殊本像；每頭皆戴骷髏冠，各有三目。他具有三十四臂，左右各十七臂。中間兩隻手擁抱明妃，明妃叫「羅浪雜娃」，一面二臂。其餘手臂伸向兩側，手中拿鈴、杵、刀、劍、箭、弓、瓶、索子、鈎、戟、傘等器物，表意各不相同，但總體是表現本尊的勇猛、頑強、威力無比的功德。他具有十六條腿，左右各八腿，足下踩人、獸、禽共十六種眾生。主尊和明妃都是裸體。他的脖子上掛五十人骨大念珠。足下有蓮花座，蓮花上有太陽，背後有火焰。

　　大威德金剛的形象特徵有深邃而豐富的佛教含意，九頭表示大乘佛教的九部經典；兩牛角表示佛教真俗兩種諦理；三十四個手加上身口意三業表示佛教修行的三十七道品（四念住、四精進、四神通、五根、五力、七菩提分、八正道分）；十六足表示十六空；左足踩人獸八物表示八種成就；右足踩八禽表示八種自在；裸體表示脫離塵垢；座下蓮花表示脫離輪迴；蓮花上紅日表示心如太陽當空，遍知一切。這些藝術化的佛教內涵共同組成了一部完整的藏祕修法──大威德金剛法。依之修行，便可達到即身成佛。

　　這其中正揭示了藏傳佛教雙身修法的奧義。唐卡是對深奧抽象的佛

教義的具象化：明王代表慈悲，明妃代表智慧，他們的結合代表「悲智合一」，同時這也表示了「降伏」的概念。

每日法語

　　當我們善意待人卻得到敵對的回應時，是利器之輪，迴轉到我們身上，惡作還得自受。直到現在，我們總是以惡意回報慈悲。自今以後，讓我們謙恭地接受他人的恩惠。　　　　　　　　——《利器之輪》

密續之王——吉祥密集金剛

　　密集金剛，又稱密聚金剛，藏名為「桑克」，是藏密格魯派崇奉的五大本尊之一。密集金剛是無上瑜伽部密父續之王，一切父續本尊的修習體系都離不開密集之道。集密的意思是「三時」，代表諸佛的身、語、意。按照無上密理論，此生征得密集五次第中的幻身，則可保證即

身成佛。

在藏密五大金剛中，密集金剛形象較為簡單，坐勢最為特殊，因此最好辨識。

本幅唐卡中，密集金剛形象為雙身，擁抱的明妃叫「金剛母」。本尊身呈藍色，結雙跏趺端坐蓮臺，三頭三面，顏色各異。其中中間的頭面與身體相同，均為藍色，象徵佛教最高諦理；左邊紅色，右邊白色，表示慈悲與息災降魔兩種功德。本尊每面都有三隻眼，頭頂雙金剛，頭戴五個花瓣組成的冠帽，象徵五佛或五菩薩。有六隻手臂，分別持著不同法物。中間右手持金剛杵，左手拿金剛鈴，象徵方法與智慧；居上右手持法輪，左手拿寶珠，前者象徵佛法不衰，法輪常轉，後者象徵所求成就。居下右手握匕首，左手執蓮花，分別象徵隔斷一切無明，和智慧清淨。本尊懷抱的金剛母，雙腿盤與金剛腰部，其形象裝飾與主尊一樣，也是三頭六臂，頭戴寶冠，除了主臂兩手勾著主尊脖子外，其他手中各持法物。整幅畫面結構緊湊，色彩鮮明。

格魯派創始人宗喀巴大師曾經盛讚密集金剛，將他做為自己的守護神。因此格魯派非常重視密集金剛之法的觀修。關於密集金剛的由來，在《寶積經密跡金剛力士會》裡有過這樣的記載：「法意太子發願說：『吾自要誓，諸人成得佛時，當作金剛力士，常親近佛，在外威儀，省略如來，一切祕密常委誑依。普間一切諸佛祕要密跡之事，信樂受喜、不懷疑結……其法意太子則今金剛力士名密跡是也。』」

佛陀住世時，西印度有個鄔仗那國，國王名叫自在慧王。一天，自在慧王登上宮殿頂層，忽然看到眾多聲聞弟子身穿法衣，以此為翅膀在空中飛翔。早上，他們從東向西飛；傍晚時分，他們又從西方飛回來。

自在慧王好不詫異，趕緊詢問身邊的大臣月賢這是怎麼回事。

月賢施禮後，據實回答：「可能是飛天吧！臣也不甚清楚。」

自在慧王只好又問其他幾位大臣。

其中一人回答：「據臣瞭解，我國的東方有舍衛城，國王淨飯的太子悉達多離家修行，在菩提樹下悟成正果，佛號『釋迦如來』，專為眾生超渡苦難。這些飛行者應該是他的聲聞弟子。」

自在慧王聽聞此言，內心湧現仰慕之情，當即面向西方，跪倒在地，不住地祈禱。

釋迦牟尼知道自在慧王的誠心，為其所動，來到鄔仗那國親自為他傳授戒律灌頂，並宣講了集密根本續和集密注釋續。

自在慧王虔心受戒，又用玻璃粉汁將佛法記錄在金紙上，修建佛殿加以供養。他據此修持，獲得了持明行成就。受他影響，他的眷屬們也參與修行，同樣證得成就。後來，所有獲得成就的人都能騰空飛行。

再後來，當鄔仗那國被海水淹沒時，海中的巨龍遷居海灘，這時金剛手菩薩前來為牠們傳授灌頂和集密教法。結果，巨龍脫胎換骨，化身為勇士和瑜伽母。海水逐漸退卻，自在慧王修建的供養佛經的殿堂復現，眾生無不驚喜，為此此佛殿取名為「呬嚕迦自然神殿」。

每日法語

當災難似晴天霹靂突然而來，就如鐵匠以自鑄的劍自刎。我們的苦難，是利器之輪，迴轉到我們身上，惡作還得自受。自今以後，讓我們永遠小心醒悟，莫造新殃。

——《利器之輪》

充滿智慧的吉祥喜金剛

《大聖歡喜供養法》中記載，大聖自在天烏摩女，生有三千個兒子，他們分為左右兩邊。其中右邊的一千五百個兒子，為毗那夜迦王，個個都是人身象鼻，終日在世間行施諸惡，殘害眾生，為此被稱作天魔。而左邊的一千五百個兒子為扇那夜迦王，與毗那夜迦王相反，他們專門行善積德，救苦渡難，實為觀世音菩薩化身。

為了降伏天魔兄弟們的諸多邪惡行徑，觀世音菩薩用了很多辦法，最後化身為女，與毗那夜迦王成為「兄弟夫婦」，以擁抱吸其大惡之源，鎮壓受攝邪惡和邪慾，以達到自在歡喜。

這一故事講述了藏密修習觀想的五大本尊之一——歡喜金剛的由來。歡喜金剛，藏語稱為「傑巴多結」，又被叫作「飲血金剛」或「歡

喜佛」。「歡喜」，在此的意思是透過修行所獲得的大自在、大自由和大解脫，也就是真正的身心合一的大歡喜境界。

在唐卡中，歡喜金剛形象通常為雙身，單腿彎曲立於蓮花座上，右腳下踩著兩個仰臥的人，象徵攝受和降伏的邪惡與無明。此幅唐卡，歡喜金剛的形象亦是如此，本尊主臂懷中擁抱明妃金剛無我佛母，五頭五面，五隻眼，臉部色彩分別為黑、白、灰、紅、黑色。頭頂骷髏冠，上面裝飾著佛頭、金剛杵或者馬頭等。本尊共有十六隻手臂，分別持有白色的骷髏碗，其中盛放著各種神物，還站立著一個人物或者動物。在右邊的八隻碗中，分別是白象、青鹿、青驢、紅牛、灰駝、紅人、青獅、赤貓；在左邊八隻碗裡，則是黃天地、白水神、紅火神、青風神、白日天、青獄帝、黃施財，它們的面都朝外。這些人物和動物各自含有不同的象徵意義。

明妃具有獨特的形象，她以左手勾著金剛的脖子，右手高揚，持有彎月刀和骷髏鼓，與歡喜金剛做接吻狀。她的身上掛著項鍊，以五十個做為骷髏裝飾，象徵梵文的五十個字母。

這幅唐卡畫面以黑色做底色，以金色線勾描，結構嚴謹，形象突出，體現出黑唐卡獨有的特色，十分特殊。

每日法語

在光滑的牆壁上撒豆，豆難以附著……在針尖上堆豆連一個也難以留住。

——《涅槃經》

時輪金剛來自極樂世界

　　釋迦牟尼晚年時，準備帶著隨眾和諸位大羅漢前往雪山弘法，當他
們來到古印度北部，進入了一個極樂世界——香巴拉國。香巴拉國王名
月善，聽聞佛法後，深深感悟，發願供養佛陀的僧團。

　　僧團接受供養。這時佛陀向月善國王開示：「人世無常，剎那間，

87

現在的榮華富貴都會成為過眼雲煙。陛下為什麼不修持佛法呢？」

月善國王如實回答道：「我也不是不想修法，我只是想，有沒有一種佛法，既可以修持無上大法，不用出家，不用拋棄現有的一切財產和所有，又能即身獲得成就？」

佛陀聽了這話，並沒生氣，而是觀照月善國王，發現他深具密宗根器，俱足密法之因緣，於是為他傳授密法《時輪經》，使得他即身成佛。

這一現象引起佛陀隨眾和弟子們好奇，有人忍不住發出疑問：「世尊啊，月善國王為什麼可以得到無上大法，得即身大成就。而我們這些人，很多人已經成為證阿羅漢果的佛弟子了，還要歷盡千辛萬苦的修持，才能成就呢？」

佛陀早就明白他們的心思，因此緩緩地開示道：「你們有所不知，久遠劫以來，香巴拉國王常常修持密法，已深具密法大慧命，故能夠受持密法，得即身成就。」

聽此解釋，諸弟子恍悟，於是更加精進修持。

月善國王成為釋迦牟尼親傳密法《時輪經》的傳承弟子，其後，他致力於將密法《時輪經》在國內廣為弘揚。正是這一原因，香巴拉國也成為時輪金剛密法的壇城。

據說，香巴拉是人類持明的聖地，形狀猶如八瓣蓮花，四周被雪山圍繞，極其美麗。香巴拉國王居住的大城堡，座落花瓣中央，不分晝夜放射光芒，十分迷人。國王身居菩薩果位，負責教導子民修佛禮佛。在香巴拉王朝中，人民不執、不迷、沒有犯罪、沒有貪慾，生活衣食無憂，並擁有數不盡的財寶。他們過著平安祥和的生活，人人智慧而遵循

佛法。

　　根據這一故事，香巴拉成為時輪金剛密法的發源地。時輪金剛密法認為，一切眾生都是在過去、現在、將來「三時」的「迷界」之中，所以用時輪表示有情眾生在「三時」的無明之苦。要想擺脫無明的苦惱，就須修練時輪金剛密法。該密法強調在釋迦牟尼佛之前，還有一個「本初佛」，他便是一切事物的根本泉源。修習時輪密法能保持和控制體內的「有生命的風」，以使人長壽，並透過觀修「五佛」，獲得「五智」和「禪那」合一相對法，以證得「即身成佛」的圓滿功德。

　　後來，密法在蓮花生大師進藏時，也一同傳入西藏，並成為藏區主要觀想修習的法門之一，受到了特別重視。

　　時輪金剛密法主要修習《時輪經》，強調觀修的時間。認為修行的最佳時間是發生日月食的時候。《陀羅尼集經》說：「求聞持經等密軌，往往明期日月食以求悉地」。「悉地」的意思就是修行成就。

　　時輪密法還注重人體氣息運行的經脈。藏密醫學認為人體有中脈和左右兩脈，左右兩脈的氣息運行正與日月運行對應，中脈運行與羅睺運行相協調，故而三脈氣息相遇時，也就是日月食相對應的時刻。

　　根據這些特點，時輪密法的本尊──時輪金剛也有其獨特的形象。時輪金剛，藏語稱為「堆科」，意思是「時輪運行」。他四頭，每頭三目，身色以藍色為主。有二十四之手，顏色各異，各持法物。每種法物都象徵著福德、智慧、吉祥、催破等不同含意。本尊擁抱明妃，左腿彎曲，右腿向外伸直，站立在蓮花座上。腳下踩著的人物，象徵無明煩惱的慾望。

　　此幅唐卡完全依照時輪金剛的經典形象繪製，本尊身周的火焰紋背

光熠熠生輝，格外引人注目。

每日法語

一切等空諸有情，為得安慰竟樂地，身口意之諸精勤，皆當不離菩
提道。
　　　　　　　　　　　　　　　　　　——《金剛薩埵修法如意寶珠》

90

勝樂金剛代表母尊最高成就

　　勝樂金剛，也是藏教密宗修習觀想的五大本尊之一，又被稱為「上樂金剛」，藏語稱「德木巧多結」。勝樂屬於母續法，最初由佛陀將其灌頂、密續、修持引導，並口訣傳授給了祕密主——金剛手菩薩。

　　本尊的形象十分複雜，全身具有鮮明特徵，每一特徵都具有象徵意

義。本幅唐卡為本尊常見的三面十二臂雙修兩足像。身軀紺藍色，站立蓮花臺上，三面為藍、黃和綠色，每面有三隻眼。頭頂骷髏冠，有十二隻臂膀，主臂持金剛杵、金剛鈴，環抱金剛亥母，餘臂持各種法器。其中本尊的站立姿勢，表示出離塵世；三面不同的顏色，表示各種事業和功德；每面三眼，表示觀照過去、現在、未來三世；骷髏冠象徵了勇武和無常；十二隻手臂則象徵著克服十二種緣起的方法。

勝樂金剛擁抱的明妃為金剛亥母，也叫作「多吉帕母」，意思是金剛母豬。其單身時頭顯豬形，身為女相，一頭三眼，兩臂。身色為紅色，也有為黃色的，全身裸體，象徵佛教所說的「清淨無染」，雙腿勾盤於勝樂金剛腰間，明妃雙臂佩釧，身著天衣，左手持金剛鈴，右手上揚，揮舞著彎月刀，以示斬斷無明慾望之苦。

金剛亥母，藏語「多傑帕姆」，是藏傳佛教密宗修持的母體本尊之一。據傳說她以身、語、意、業等之化身，最早出現在印度、尼泊爾等地，西元八世紀，多傑帕姆佛母信仰由蓮花生大師傳入吐蕃藏地。當時，蓮花生大師將赤松德贊王妃卡欽薩措傑認作多傑帕姆「語」之化身，從此，王妃卡欽薩措傑成為藏傳佛教史上第一位金剛亥母的化身，也是最早的智慧空行母。

不久，芒域王的女兒緊西吉珍拜王妃卡欽薩措傑為師，也開始修行佛法，並成為王妃最親近的弟子。這時，蓮花生大師認她為多傑帕姆佛母「業」之化身，由此，藏地出現第二位金剛亥母的化身。

王妃卡欽薩措傑和緊西吉珍開啟了藏地空行母化身之先河，尤其是卡欽薩措傑，後來成為藏傳佛教空行母化身之母體，藏傳佛教中的空行母或女活佛幾乎都是從她轉世承襲。可以說，她是藏傳佛教多傑帕姆佛

母轉世女活佛的基石。

到了西元十一世紀，瑪爾巴大師從印度請來《多傑帕姆佛母貝葉經》並譯成藏文，從此藏地出現了多傑帕姆佛母，即金剛亥母的修持法，且已集成《多傑帕姆佛母六法》傳佈很廣。多傑帕姆佛母又做為藏傳佛教密法《母續》的主要「本尊」之一，被各宗派所推崇。隨之專門供奉多傑帕姆佛母的佛殿，遍佈藏地，還產生了多傑帕姆佛母化身的護法女神。

金剛亥母是一位女性神祗，其神格較為複雜。在藏傳佛教噶舉派中她為女性本尊之首，瑪爾巴、米拉日巴、岡波巴等諸位大成就者均依止她為本尊；在格魯派中，她是三大本尊之一的上樂金剛的明妃；但是在大多數情況中，她只是一位地位較低的護法神。頭側長有一豬首是她重要的身分標誌。修亥母法可與上師相對，斷除煩惱、所知二障，啟發俱生智，修拙火等，證無死虹身，降伏魔仇，攝十法界，乃了生脫死之不二法門。

在這整幅畫面中，主尊背面為升騰的火焰紋，層次分明，構圖飽滿，形象生動，體現出濃厚的宗教氣息，是一幅難得的密宗唐卡精品。

每日法語

上師的功德、加持猶如雪山，弟子的信心猶如陽光，只有當信心的陽光照射到功德的雪山時，加持之水方能融入自相續。　　　——古德

忿怒的大鵬金翅鳥

　　大鵬金翅鳥又稱伏龍者，可去除一切因毒龍引起的惡疾，分為世間、化身、智慧三類。相傳無量劫以前，轉輪王生有一千零三位太子，他們都發了菩提心，在佛陀前承侍修行。一天，一千位太子發願為了利益有情眾生成佛，剩下的三位則發了不同的願。其中一人表示，願意護

持那一千位發願成佛的兄弟，為他們降妖除魔；第二人表示，願意在兄弟們成佛時，做為施主為他們祈請；最後一位則表示，願意成為降伏千位佛剎土中最兇戾的眾生。後來，三位太子都如願，第一位成了金剛手菩薩，第二成了大梵天，在剎土眾生中，最兇戾的就是龍類，所以，最後一位太子成了專門捕食毒龍的大鵬金翅鳥，牠雙翅展開三百六十萬里，能夠看清海底中每條龍的情況，哪條龍壽命一到，牠就會俯衝下去抓叼而起。

大鵬金翅鳥鎮服各種龍類，賢劫結束後成佛，號為頂髻無盡智慧光源如來。當牠的肉體在熊熊烈火中燃燒後，墜入海底，被龍王獲取牠的心臟──一顆寶珠，戴在頭頂，以防護大鵬的威脅。

當初，蓮花生大師進藏時降服了各種妖魔鬼怪，協助藏王修建桑耶寺。在桑耶寺竣工前，龍的身體雖被降服，參與了修建工作，可是牠的心不受調伏，蠢蠢欲動，做出各種危害行為。蓮花生大師見此，在桑耶寺住下來，以大棚金翅鳥修法調伏龍類，擊中牠們的要害，終於使牠們無法忍受。為了求得解脫，牠們化身白衣人求見藏王赤松德贊，請求蓮花生大師對牠們放寬手段。藏王答應牠們的請求，親自去見蓮花生大師。他沒有見到大師，卻看到虛空中一隻大鵬鳥嘴裡叼著兩條龍，那兩條龍正在刺耳地叫喊著、祈求著。藏王連忙對大鵬鳥施禮，為龍求情。大鵬鳥鬆開龍，現出蓮花生大師的本相，不無遺憾地說：「龍答應了不再搗亂，安心修建工作，可是還沒有完全降伏牠們的心，恐怕日後會作亂。」

藏王大驚，祈請蓮花生大師想辦法利益後代眾生。為此，大師造了許多大鵬鳥修法，將牠們放在寶盒內，藏在岩洞、湖邊等祕密地帶，說

到了一定時間，有緣法的伏藏大師會得到牠們並利益眾生。如此一來，大鵬修法在藏地得以流傳，並出現六種不同分類。這六種分類以白、綠、紅、藍、黃、花六種顏色區別。

不管哪種修法，都是智慧忿怒的部主，成辦事業之銳器；特別是對於由地神、龍、妖引致之病症，以及癲瘋、昏厥等不明或難治之症等，皆有與眾不同的功效。因此，大鵬金翅鳥被稱為一切護法神之首，形象為人面鳥嘴，上身為人，下身為鳥，面部青色，頭頂牛角，裝飾著寶珠，身上瓔珞相墜，一副展翅欲飛的樣子。它的嘴裡會叼著一條扭曲的毒龍，雙爪用力抓著，顯示出破除一切障礙、所向無敵的法力。

本幅唐卡形象地再現了大鵬金翅鳥的威嚴，顯示它會出現在任何忿怒本尊的頂上空中，既包含著息、增、懷、誅四事業，也代表著三世諸佛身、口、意的功德。是常用來供養的護法空行。

每日法語

資糧善中進第一，謂依此故彼後得，精進現得勝樂住，及世出世諸成就。精進能得三有財，精進能得善清淨，精進渡越薩迦耶，精進得佛妙菩提。

——《莊嚴經論》

雙修金剛薩

　　阿底峽尊者說：「一顆石子可以驅散百鳥，有一種特別的善巧方便，就是金剛薩埵法門。」何謂金剛薩埵，其法門為何如此重要？

　　金剛薩埵就是金剛持。金剛持並不只一位，而是有很多。前面曾經講到過五大金剛，排在其後的便是金剛薩埵，又稱第六金剛持、法身普

賢。

最早的原始佛就是普賢王如來，因此金剛薩埵又叫金剛總持。在原始佛底下有五大金剛尊者，五大金剛合起來的法王子，也就是金剛薩埵。實際上，「菩薩」二字，也是「薩埵」的意思。在密教裡面可以稱觀音薩埵，觀音薩埵就是觀音菩薩的意思，金剛薩埵也就是金剛菩薩。

金剛薩埵法門歷來受到藏密各派重視，文殊菩薩曾告訴宗喀巴大師：「迅速實證菩提道的方法，就是要做以下三件事：第一，修持淨化，積聚功德；其次，向上師祈請；第三，修心以邁入菩提道。」

修習金剛薩埵，特別需要注意的是雙修。在這幅唐朝緙絲唐卡中，主尊懷抱明妃，正是雙修金剛薩埵的代表之作。

關於雙修的故事，曾有一個著名的傳說。

文殊、普賢二位大士，常在諸佛前共做佛事，遊戲人間。唐朝時，文殊應生為兜率寺戒闍黎，普賢同時化身為周氏女，因排行第七，故人稱周七娘。周七娘出生時便有種種神異，長大後不肯嫁人，每天行乞於市，到了晚間，常宿於普濟橋下，與戒闍黎在一起。他們妙行莫測，時人不解，笑其為瘋婆。

後來，闍黎和周七娘不知去向，世間遂流傳一首偈語：「戒師文殊，周婆普賢，隨肩搭背，萬世流傳。」這時，人們才得知原來是菩薩應世。

故此，本唐卡中便是金剛菩薩懷抱美女，左手拿金剛杵，右手拿金剛鈴。金剛杵表示去除一切煩惱，金剛鈴，意思是驚覺諸尊，警悟有情。兩者同時使用，有陰陽和合之意，這與雙修十分吻合。菩薩懷裡的明妃，手中所持法器也有深義，一手高舉嘎巴拉碗，表示護樂與空性，

另一手持蛇，表示聰明與誘惑。

　　雙修神像坐在蓮臺上，下面是白羊車，左右各有一隻白羊，中間下垂的是金剛幔，中間一十字型金剛杵，表示去除十種煩惱，四角各有一右旋卍（萬）字，在印度佛教中，萬字是梵文，又叫吉祥海雲，表示吉祥和有的意思。據說佛的胸前、背後、足底都有卍字文。

🌸 每日法語 🌸

　　非人皆喜饒利彼，能得一切三摩地，晝夜諸時不空渡，功德資糧無劣少，獲得一切三摩地，晝夜諸時不空渡，功德資糧無劣少，獲得諸義過人法，如青蓮華極增長。
　　　　　　　　　　　　　　　　　　——《攝波羅蜜多論》

護法神出離輪迴

　　護法神分為世間護法和出世間護法兩種，世間護法是世間的有力眾生，或者是自願發心護法的眾生，或者是各位大師降伏的、命其護持佛法的眾生，在擔任護法之前，他們多為龍族、魔眾等「非人」眾生。而出世間護法與世間護法完全不同，他們是指佛陀之悲心化現出的忿怒形

相。

出世間護法已斷除煩惱，證得聖果，出離輪迴，可以做為眾生修行依止的對象，因此地位較高。在出世間之眾多護法中，以大黑天、吉祥天母及法王嘎拉路巴等最為著名。

大黑天，又稱作大黑神、大黑天神或摩訶迦羅天，瑪哈嘎拉，藏語多稱為「貢布」，意思是「怙主」。其形象變化多端，有六臂、四臂以及白身等幾十種化相。每一化相都有特殊意義，比如四臂大黑天為勝樂金剛的眷屬，護持勝樂金剛本尊一切事業；六臂大黑天為千手千眼十一面觀音的化身。

當觀音菩薩於無數劫中不辭辛苦地救助無數眾生時，發現六道中仍有無量眾生，絲毫沒有減少跡象。為此，他應誓碎裂，在阿彌陀佛幫助下成為千面觀音菩薩，並鼓勵他繼續精進。觀音受此鼓舞，繼續救渡眾生，並積極地想：「在末法期中，有什麼方法可以令眾生免於短壽、貧乏及昏亂而得成就呢？」剎那間，菩薩心間之「吽」字化生出瑪哈嘎拉，即大黑天，頓時大地震動，世上所有魔王都生出懼畏的心。

大黑天是觀音之悲心的忿相化現，曾經降伏過象頭王財神。象頭王財神也稱「象鼻天」，梵名「毗那也迦」，他本是婆羅門之神，被觀音化身女尊降服後，皈依佛教，率領九千八百大鬼軍，鎮護三千世界，專守衛三寶，成就一切善事，消滅災禍，後變為一尊授與富貴之有德善神，即大自在天的長子，掌管天庫，十分慈悲，凡有人祈求，無不令人滿意。

可是，象頭王這一不分善惡施捨的行為遭到護法大黑天反對，他一怒之下割了象王的首級。後來象王懺悔自己的行為，得到大黑天原諒，

又將象頭還給他，並收為眷屬。

　　這幅唐卡中，可以清楚地看到大黑天全身青黑，威武神勇，腳下正是踩著象頭王。象頭王手裡拿著一根白蘿蔔，象徵著財富。大黑天極其忿怒，六條手臂上纏著蛇，分別持有法器。這一忿怒相，顯示無畏懼、無躊躇，解脫利樂一切眾生，無疑是悲心、慈心的顯現。

　　大黑天護法是男相護法之首，修持他的法門即等於同時修持一切男相護法的法門，可免除魔礙業障，特別是瞋毒所造諸業。

每日法語

　　設等生死前後際，成為極長大晝夜，集此為年成長劫，以盡大海水滴量。發一最勝菩提心，須以此相漸集餘，一一資糧悲無厭，無諸懈廢修菩提。自心莫思流轉苦，而擐無量穩固甲，住戒悲性諸勇識，是為最初所應取。

　　　　　　　　　　　　　　　　　　——《攝波羅蜜多論》

護持黑暗的大黑天

　　許多劫以前，有位行者證得菩薩果位後，不想誤解上師開示，進而破戒墮落，做了很多殺戮搶盜、狂蕩無忌的事情，造下種種罪業，結果轉世投生到畜生、餓鬼道，輪迴多次，墮入地獄輾轉受苦。

　　到了燃燈佛末世，這位行者投生為一個惡魔，長得三頭六臂，四足

兩翅，十分兇惡。他出生第九天，母親就死去了。之後，世間疾病、疾苦、天災、戰亂不息。為此，大眾認為他是邪惡的化身，就把他和他母親的遺體一起扔到墳場，希望他一塊兒死去。

不料，這個惡魔不但沒有死去，反而吸吮母親的乳汁，啃食母親的肉體，啜飲母親的血液，漸漸長大。他吃墳場中的腐肉長大，成為一個真正的嗜血惡魔，獠牙外露，以人皮為衣，虎皮做裙，腰繫蛇帶，常常左手拿頭顱為器，盛滿鮮血而飲。他還有一根三股叉，動不動大逞威風，厮殺無辜，以飽肚腹。

惡魔嚴重威脅著眾生生命，等他越來越強壯的時候，更加窮兇惡極，口裡能呼出一種氣息，可以傳染百病；眼睛和耳朵常常流出各種病菌，貽害眾生。眾生躲之唯恐不及，稱他為馬張汝渣，意思是「極端我執之轉世」。

很快地，惡魔征服了世間羅剎、龍族、阿修羅、乾達婆、藥叉及諸天等。這些眾生臣服於他後，與他共行惡業，殺盜淫妄，獵殺禽獸，食人之肉，無惡不作。

這時，金剛薩埵佛和金剛手菩薩以極慈悲之心觀照三界，瞭解惡魔所為，決心降伏惡魔，拯救眾生，化解危機。於是，他們顯化為馬頭明王和金剛亥母，即觀音和綠度母的忿怒身，經過尋找追蹤，他們找到了汝渣，雙方展開一番驚天動地的惡鬥。

最終，汝渣和他的妻子托得梭利都被降伏，在馬頭明王和金剛亥母悲心照射下，他大徹大悟，發願護持佛法。馬頭明王於是將普巴金剛插在他的胸膛前，赦除他的一切罪業，再為他灌頂，轉化他成大護法，為其密名「瑪哈嘎拉大黑天金剛」。從此，汝渣所穿戴的服飾器仗，成

為佛法勝利的表現物品，因此密乘教法中金剛的憤怒相及裝飾身體的器物，都是從此而來的。

這幅唐卡中，大黑天以極其憤怒相示現，站立兩個屍體上，身上配飾正是他身為惡魔時的裝束，乍看之下，會把他當做閻羅或者魔鬼，實際上，此時的大黑天從未傷害任何眾生，他已經以證悟之心來利益眾生。

極端我執的惡魔轉化成大護法，這一故事說明慈悲和善巧方便能調伏極端的我執，轉化它為智慧，在究竟來說，佛的證悟心和瑪哈嘎拉一般無二。

❀ 每日法語 ❀

設從無始生死以來，現在以前為一晝夜，三十晝夜而為一月，於十二月計為一年，經十萬年始發一次菩提之心，見一次佛，如是等一殑伽沙數，始能知一有情心行。以如是理，須知一切有情心行，亦無怯弱而攘誓甲，為無盡甲。

——《無盡慧經》

不動明王降魔咒

　　不動明王，亦稱不動使者，意為不動尊或無動尊。「不動」，是慈
悲心堅固、無可撼動之意；「明」，表示智慧之光明；「王」，無疑是
指駕馭一切現象者。由此來看，不動明王是一切諸佛教令輪身，故又稱
為諸明王之王，五大明王之主尊。

五方佛各有三輪身，不動明王做為教令輪身，是奉大日如來教令，示現忿怒相以降伏一切惡魔的大威勢明王。由於他是諸佛意的化身，專門針對那些冥頑不悟、頑固不化、受魔障遮蔽極深的眾生而變化，所以他的身相極為恐怖，以喝醒眾生、嚇退魔障。

　　相傳佛陀得道之初，大自在天認為自己是三千世界之主，心存傲慢，不肯皈依佛祖，常常變換各種神通，與佛陀作對，阻礙佛法傳播。

　　有一次，適逢三界之內眾生聚會，大自在天自恃神通，不肯赴會，並揚言：「我不去赴會，佛教的人肯定會來請我。他們自認為是『持明著』，討厭不淨之物，所以我要做法，將周圍一切全都變成不淨之物，讓他們無法靠近，無法施展法術。」

　　大自在天是色界之主，毀滅之神，也是苦行與舞蹈之神，他具有極大力量，五頭三眼四手，分別持三股叉、神螺、水罐、鼓等器物，全身灰色，脖子上纏繞著蛇，胯下大白牛。據說，他的三隻眼能噴出聖火燒毀一切，還能主宰人間的一切悲喜榮辱。

　　佛陀知道大自在天的心思，於是用意念化身不動明王，來到他的處所。果然，他發現到處都是不淨之物。見此情景，不動明王立即化身不淨金剛，吞食了所有不淨之物，並抓住大自在天，把他帶到佛陀前。

　　不料，大自在天並不服氣，而是說：「你們都是夜叉鬼怪，我才是諸神之主。」說著，他又逃回去了。

　　佛陀並不阻攔，而是繼續派遣不動明王前去降伏。不動明王再次抓住大自在天，並將他帶回。然而，這次他依然逃跑。如此七次之後，不動明王請示佛陀說：「大自在天犯了三世諸佛的三昧耶法，該如何處置他？」

　　佛陀見大自在天如此頑劣，知其難以用一般法術降伏，只好說：「將他論罪吧！」

　　於是，不動明王以雙腳分別踩踏大自在天和他的王妃，然後將他們倆殺了。

　　接著，不動明王繼續請示佛陀：「該如何處置？」

　　佛陀說：「讓他復活。」

　　不動明王遵法旨，唸誦咒語：「囊摩悉底，悉底，蘇悉底，悉底伽羅，羅耶俱琰，參摩摩悉利，阿闍麼悉底娑婆訶。」咒畢，大自在天果然復活。他十分高興，對佛陀說：「真是太神奇了，帶我來的那位夜叉究竟是誰？為何具有如此神通？」

　　佛陀回答：「他是諸佛之主。」

　　大自在天奇怪地問：「聽說諸佛就是眾生至尊了，怎麼還有諸佛之主呢？真是不可思議啊！」

　　就這樣，在不動明王調伏下，大自在天歸順了佛法，並在佛祖指導下，成為護法神之一。不動明王降伏他的咒語，也成為佛界有名的「不動明王降魔咒」。誦持此咒，可避降頭、蠱毒、下符等，修行者，若達某程度，「天魔」、「鬼神」必定現前，頌此咒，消除上述等災難。

　　可見，修習此尊法，可斷除煩惱所生的一切障礙。

　　由於不動明王以降伏大自在天而聞名，故而形象與其十分接近。在這幅十八世紀繪製的水彩描金棉布唐卡中，主尊不動明王現大忿怒相，全身青藍色，以八大龍王為飾，表法性不變；右手持智慧之劍，左手拿金剛索，以童子相站立烈焰中，顯示出驅逐魔鬼無往不前的勇氣；右眼仰視，左眼俯視，分別表示能降伏天子魔，燒毀龍魔和飛天；而額頂第

三眼平視，表示降伏夜叉和羅剎；脖子上掛著一條蛇，表示根除煩惱。

　　值得一提的是，不動明王調伏的「魔」，非一般魔，而是我執魔，是內在的密意，是眾生執著「自我」在作祟，一切外在障礙、痛苦，實則完全來自內心的障礙與執著，只有降伏內心，才能淨化外在的一切。

每日法語

　　若諸世界六道眾生，其心不淫，則不隨其生死相續。汝修三昧，本出塵勞。淫心不除，塵不可出。
　　　　　　　　　　　　　　　　　　　　　　　　　——《楞嚴經》

掌管財富的五姓財神

　　五姓財神，梵名為瞻巴拉、閻婆羅、霧神，又稱作布祿金剛，分別以綠、白、紅、黃、黑五種身色出現，故稱五姓財神。是諸佛為說明眾生成佛而化現，為藏傳佛教各派尊奉。有共同的陀羅尼咒語，是求得財神身語功德加持為主的真言。

　　《法華經》上記載過一個故事：釋迦牟尼佛在世的時候，率領弟子

們托缽講法，有一個貧窮的人向他們佈施，於是佛給他傳一個財神的修法，此人虔心修持，後半生變得十分富有。這故事說明修財神法是在造新的善業，眾生在無數的輪迴中，造的善業和惡業都是無量，修持財神法門，即便今生不得現報，也可為後世累積福報。

五姓財神中的綠財神為東方不動佛之化身，佛陀曾經囑託他為一切貧苦大眾轉法輪，賜予世財、法財。

白財神為觀世音菩薩悲心化現，以身為白色，表示能使一切眾生俱足潔白妙好之財寶，能祛除疾病，除去一切貧苦和罪惡障礙，增長一切善業，使一切受用資具財物富饒增上。

黑財神是五姓財神中施財立即見效的財神，因此又被稱為財神王。修持黑財神法門，可獲其庇佑，消除怨敵、竊盜、病魔等障，使諸受用財富增長。

紅財神是薩迦派中一位功德無比的財神，能招聚人、財、食等諸受用自在富饒的功德，修習紅財神法，持誦唸咒，可獲得紅財神護佑，財源茂盛，能免除貧窮及一切經濟困境。

黃財神主司財富，能使一切眾生脫離貧困，財源廣進。

在這幅布繪唐卡中，五位財神以相對方位排列，居中的綠財神一頭二臂三目，頭戴五佛寶冠，上披彩帶天衣綢裙，以眾寶瓔珞做為報身莊嚴，右手持滿願寶果，左手捉吐寶鼠，以遊戲坐姿，右足輕踩於白螺上。財源天母身淺綠色，一面二臂，其五手印飾報身莊嚴，右手拈鄔婆羅華，本尊現雙運相住於蓮花月輪上。

前右方是白財神，一面二臂，面容半怒半笑，三目圓睜，髮上衝，以五佛冠為頭飾，上身披綢緞，巴乍勒嘎綢緞為裙，以各類寶物為飾。

右手持寶棒，左手持三叉，足有屈左半伸。以綠龍為坐騎，蓮花月輪為座，身白如月光。白財神以身白色，表示能使一切眾生俱足潔白妙好之財寶，右手持寶棒表示彙聚一切財神之功德，能救渡飢餓中的眾生之苦。

前左方黑財神財神一面二臂，怒面三目，以不動佛冠為頭飾，身材矮胖，紅髮黑膚裸體，大肚福相，右手捧嘎巴拉顱器，左手抓吐寶鼠，踏於蓮花月輪屍座上。修持黑財神法門，可獲其庇佑，消除怨敵，竊盜、病魔等障，使諸受用財富增長。

後右方是紅財神，一面二臂，二目善怒面，以各種寶物為飾，頭戴五佛冠。懷中所抱明妃為財源天母，掌管人道財富。古時王者或貴族常修習此法，為懷愛之法門。紅財神形象為抱佛母二尊雙運像。頭戴寶冠，右手持摩尼寶，左手抓吐寶鼠，右腳伸左腳曲，抱財源天母以舞立姿，立於蓮花月輪上。

後左方是黃財神，本尊形象為肚大身小，雙手有力，膚色金黃，右手持摩尼寶珠，左手輕抓口吐珠寶的吐寶鼠。頭戴五佛寶冠，身著天衣，藍色蓮花及珠寶瓔珞做嚴飾。胸前掛烏巴拉念珠，以如意坐左腳曲，右腳輕踩海螺寶，安坐於蓮花月輪上。誠心持誦黃財神心咒，可獲其庇佑能財源廣進，免除窮困，以及一切經濟窘困。如果能發生無上菩提心，發願救渡一切眾生於貧困，則福德更不可限量。

整幅畫面構圖嚴謹，形象生動，內容豐富，令人過目難忘。

每日法語

善男子，由此異門，說諸菩薩盡其所有大乘信解大乘出生，應知皆是無散亂心，正思法義之所出生。　　　　　——《修信大乘經》

觀音滴淚化白財神

　　相傳當阿底峽尊者朝禮觀世音菩薩的聖地時，在途中遇見一個貧病交迫的人飢餓將死，阿底峽尊者想幫助他，無奈自己身無分文，於是他想到割自己的肉來佈施。可是飢者卻寧願自己餓死，也不忍心吃阿底峽尊者的肉。

　　阿底峽對自己無力救助困苦的眾生感到遺憾悲傷，這時，觀世音菩薩以大悲心化現為路人，好心問明原委，阿底峽據實相告，路人聽聞

後，不禁為阿底峽尊者的發心，流下感動的淚水。

　　頓時，奇妙的事情發生了，路人忽然現出觀世音菩薩莊嚴的寶相，左眼淚珠化現為度母，右眼淚珠化現為白財神。觀世音菩薩囑咐白財神親予阿底峽尊者灌頂，修法教授，以圓滿幫助眾生脫離貧困，俱足福德的心願。

　　此後，白財神成為修行者的護法之一，其功德為祛病，除去一切貧苦、罪惡障礙，增長一切善業，於諸受用富饒增上。

　　白財神傳入西藏後，成為藏密中司財之神，由於他以龍為坐騎，故又稱騎龍布祿金剛。

　　在這幅唐卡中，白財神一面二臂，忿怒相，頭頂憤怒的火焰，三目圓睜，舒坐在一條張牙舞爪的龍身上，表示解除自我和他人的一切貧窮之苦。

　　白財神修法功德甚大，需要注意的是，修法者以能否發菩提心為前提，行者當以觀世音菩薩之大悲心為本，常行無相佈施，照顧貧苦大眾，自然如願成就。千萬不可用所得之財，恣為自己享受，不知佈施。

　　供養白財神以三白（牛乳、酪、麵粉）、三甜（白糖、蜜、冰糖）搓成圓形丸狀為最佳。

🌸 每日法語 🌸

　　說法不有亦不無，以因緣故諸法生。無我無作無受者，善惡之業亦不亡。

　　　　　　　　　　　　　　　　　　——《維摩經‧佛國品》

黃財神庇護佛祖

　　黃財神，藏名藏巴拉‧些玻，是密教之護法神祇，諸財神之首。黃
財神是藏傳佛教各大教派普遍供養的五姓財神之一，因其身相黃色，故
稱為黃財神。

　　相傳黃財神過去是位菩薩，早已修證五道十地。當釋迦牟尼佛於靈
鷲山宣傳說大般若經時，諸魔鬼神等皆前來破壞，使得高山崩塌，樹林
摧毀。大眾見此，驚恐四散，不能安心佛法。此時，黃財神現身，庇護

講法會場及眾信徒，令他們安然無恙。

於是，世尊為黃財神開示，當於未來世助益一切貧困眾生，為大護法。

黃財神發願：「庇護所有貧苦眾生，令他們在修行途中不因資糧匱乏而退失菩提心，助益一切有情」，從此，他成為司財之神。由於兼具護法和施福的功德，黃財神面貌莊嚴，身形雄壯，頭飾五佛冠，一手持如意寶瓶，一手握著寶鼠，象徵數也數不盡的無窮財寶與吉祥富貴，身著天衣及珠寶瓔珞為裝飾，胸掛念珠，左曲足以如意姿勢安坐於蓮花月輪上，右足踩海螺天寶，象徵他能入海取寶。

佛陀曾經轉世為婆羅門的兒子，名叫大佈施，他為了救助眾生，捨身前往海中取寶。一路上他們經歷了諸多苦難，剛剛走到路途中時，就遇上了強盜，全部錢財被洗劫一空。他們身無分文，只好艱難前行。這時，黃財神化現婆羅門嘎西拉，為其提供路費、用具，並將女兒嫁給他。

在大海中，黃財神護衛大佈施克服重重風險，直達龍宮，從海裡取回如意寶。

大佈施為百姓帶回各種物品，並開示他們：「因為大家生活貧困、太貪心，災厄不斷，恐怕日後會墮入地獄，所以我才大發慈悲，歷盡千辛萬苦、冒死赴海求得如意寶珠。如今，大家生活安樂了，一定要心懷善念，多做善事，不可繼續造惡。」

百姓信奉此言，行持善法，果然福德無量，死後轉生到了極樂天。

修持黃財神法門，可以脫離一切貧困、災難，增長一切善法、財富，富饒自在，但必須發無上菩提心，勤行佈施，廣結善緣，萬勿貪

慳，心誠如一。

　　本幅唐卡中，黃財神面容威嚴，肚大身小，膚色金黃，形象十分逼真，誠心持誦黃財神心咒，觀想黃財神唐卡，可獲其庇佑能財源廣進，免除一切窘困，吉祥如意。

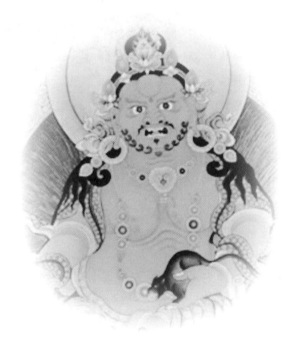

每日法語

　　盡所有性如所有性，無分別影像者，是止所緣；盡所有性如所有性，有分別影像者，是觀所緣。　　　　——《般若波羅蜜多教授論》

大梵天勸請佛陀

在印度，大梵天是創造之神，他從金蛋中破殼而出，蛋殼分為兩半，變成天和地。他又從自己的心、手、腳中生出十個兒子，因此被稱為「生主」。他的子孫又分別生出天神、凡人、妖魔、禽獸以及宇宙間的萬物。可見，大梵天是神，又是魔，他善惡不分，縱容惡魔危害世間。

隨著佛教興起，大梵天逐漸為佛陀教化，皈依佛法，與帝釋天一起成為佛陀的脅侍，佛教護法神。佛陀升忉利天為母說法，下降此世時，梵王為佛的右脅侍，持白拂。

後來，佛陀因為感傷世間污濁，打算早日涅槃。大梵天聽說後，前往拜謁佛陀，勸請佛陀住世，大轉法輪。可是佛陀說：「一切眾生皆為塵垢染污，貪著世間慾樂，矇蔽了清明智慧。若住世說法，皆是徒勞無功，不如速入涅槃。」

大梵天聞言，再次禮拜懇請：「佛陀！如今佛法已立，信徒已多，眾生盼望著早日得渡，如果世尊選擇入滅，不是讓眾生錯失得渡因緣嗎？世尊過去曾經發菩提心，為大眾講法，捨卻自身和妻兒性命，如今為何不顧念眾生利益了呢？」

　　過去無數劫時，佛陀曾為妙色王，他為尋求正法，讓眾生得以解脫，將自己的妻子施捨給了毗沙門王所化現的夜叉鬼，被其所食；他還曾為虔闍尼婆梨王，為了求得微妙法寶，利益大眾，他點燃自身，以燈供養；他也做過毗楞竭梨王，也是樂好正法，在身上釘上千根鐵釘，忍受苦難以求佛法；更有甚者，他為曇摩鉗太子時，自身投入熾火燃燒的大火坑，以做供養，誓求大法……

　　如此種種事蹟，經過大梵天再次提及和勸化，佛陀也為之改變主意，他放棄涅槃，率領信徒們四處宣法，終於將佛法發揚光大。

　　這故事說明大梵天在護衛佛法中的重要作用，佛教傳入西藏後，大梵天成為藏密重要護法神之一，被列為十二天之一，守護上方。密教的梵天像為四面四臂，右手持金剛杵，左手執軍持，做唵字印，乘白馬或七鵝車，戴髮髻冠。這幅唐卡中的大梵天騎乘白馬，形容端莊，馳騁於三界之間，十分威嚴壯觀。

每日法語

　　聲聞不見如來種性，以定力強故，慧力劣故。菩薩雖見而不明顯，慧力強故，定力劣故。唯有如來遍見一切，止觀等故。由止力故如無風燭，諸分別風不動心故。由觀力故，永斷一切諸惡見網，不為他破。

——《大般涅槃經》

第三篇

關於觀音度母、天女的唐卡故事

金剛亥母攝十法界

這是一幅描述金剛亥母的繪畫唐卡。

藏密中，女性神佛的形象無處不在，除了五方佛的明妃外，度母、天女、空行母活躍於天上人間，或者以護法者身分出現，或者是修行本尊，她們有的以忿怒相示現，殺氣騰騰，有的卻慈眉善目，十分親切。

無論哪種形象，她們都是宣揚佛法、震懾魔怪、救眾生於苦難的代表，進而構成了體系龐大的女佛世界。

在所有女性神佛中，金剛亥母做為勝樂金剛的明妃，代表母續最高成就。修持亥母法，可除煩惱、所知二障，啟發俱生智，調氣、脈、明點，證無死虹身，降伏魔仇，具有攝十法界的功德。

佛界認為，地獄、餓鬼、畜牲、阿修羅、人、天為六凡，也叫六道；聲聞、緣覺、菩薩、佛為四聖。兩者合起來就是十法界。十法界含攝佛法中所有一切生命體，要之感報之界分有十種不同，故謂之十法界。

因此《金剛亥母密續》屬於佛法四部密續中最高深的《無上瑜伽密續》，是母續的精髓，是修空樂三根本及一切密修，獲得大成就的本源。

藏密許多尊者都是以金剛亥母為本尊而起修。瑪爾巴、密勒日巴、岡波巴都以其為祕密本尊，以勝樂金剛與金剛亥母雙運起氣、脈、明點，以四喜配合四空修事業手印。

據說，金剛亥母原是西藏苯教的一種神靈，住在空中，每天遊來蕩去，行蹤不定。蓮花生大師進藏後將其降伏，成為佛教的護法之一。有一年，藏區流行瘟疫，眾生死傷無數，生活陷入極大苦難中。這時，金剛亥母心生悲憫，在天上修法，降下無數天珠。眾生得到天珠後，一切病災厄運消除，轉危為安。從此，天珠成為避邪的法寶。

這故事說明金剛亥母的法力功德，所以她的形像多為忿怒相，舞立姿，右足懸空，左足伸直，踏在蓮花日輪的屍體上。一面二臂，裸身，紅色，紅光遍照十方三世，右手持金剛鉞刀，左手持盛滿鮮血的顱器。

她的身相如十六妙齡少女，兩乳突出，三目圓睜，面現忿怒顰紋，獠牙緊咬下唇，髮黑微黃豎立，頭戴五骷髏冠，側面有一個豬形頭。五手印飾等骨飾做為莊嚴、項懸五十新鮮首鬘，並以小鈴花朵嚴飾。

本幅唐卡逼真地再現了金剛亥母的形像，其中豬頭表大癡法界體性智，三目表三世智，獠牙表辯才無礙。左手臂表智慧，右手表慈悲，紅色的身體表諸魔極怖畏，身紅光滿十方三世表可愛樂之色。舞立姿表歡樂，兩乳突出表二資糧圓滿，怒容表調伏四魔。

主尊上方是藍色不動佛，下方是噶瑪噶舉主要護法——二臂瑪哈噶拉大黑天。畫面右下角、左下角、左上角、右上角，依序是東、南、西、北四方空行母：東方屬「金剛部」，空行母身藍色，手中的金剛鉞刀配飾金剛杵；南方屬「寶部」，空行母身黃色，金剛鉞刀配飾摩尼寶；西方屬「蓮華部」，空行母身紅色，金剛鉞刀配飾蓮花；北方屬「事業部」，空行母身綠色，金剛鉞刀配飾寶劍。另外，畫面中還有很多與主尊無異的身像，他們都是金剛亥母的眷屬。

值得一提的是，畫面中的雙圈背光，內圈藍色，外圈以紅色烈焰圍繞，這一圖像，內蘊珍貴祕密的佛理深義。

可見，本尊唐卡所描述的不僅僅是一幅畫，更是一種觀想的意境，是修法者的依止。佛說，心為工匠師，能畫種種圖。只有排除雜念，以清淨觀想，才是佛心，才能體會到唐卡所展現的深奧所在。

每日法語

假使經百劫，所作業不亡，因緣會遇時，果報還自受。

——《大寶積經·入胎藏會》

慧月公主成度母

　　在藏區有一位聞名遐邇的女神，無論僧俗，都虔誠地供奉她的神像，熱烈地崇拜她。人們呼喚她的名號，唸誦她的咒語「嗡、達列、度達列、度列、梭哈」，觀想她的形象，向她頂禮膜拜。這位女神就是度母，又稱多羅菩薩。

125

　　度母形象很多，分為綠、白、黃、藍、紅五種身色。有些度母髮冠上有不空成就、阿閦佛等五佛的小肖像，以標明其所屬身分。不同形象的度母分別具有一至十二個面孔，二至二十四個臂膀，最基本的形象為左手持青蓮花，右手結施願印。

　　本幅唐卡透過描繪度母的基本形象，講述了慧月公主成度母的故事。

　　古印度時，有位國王的女兒名叫慧月，她虔誠地信奉佛法，長期不懈地以無數珍寶供養如來、菩薩及其聖眾。如此數年之後，她發了菩提心，認識到了勝諦。這時，許多比丘勸說公主：「以妳所積造的善業，應該發願做利法事業，一定會如願以償。」

　　公主接受勸說，發下誓願。

　　眾比丘見此，接著勸說她：「現在來看，妳還應該虔誠地發願，希望來世為男兒之身，這豈不更利於弘法事業。而且，以妳現在的善業願心，肯定能夠實現這一願望。」

　　慧月公主聽罷，拒絕道：「我認為，在此無男也無女，無我無人也無心意識。如果非要以男女之別來弘揚佛法，這是愚蠢的事情。」說罷，她停頓片刻，而後說：「現在許多人認為男身容易證得菩提，而女身利益眾生的很少。為此，我要立下誓願，以女兒身修習佛法，堅持利益眾生事業，直到輪迴不空為止。」

　　從此，慧月公主雖然身在王宮，卻以善巧受用五妙欲和觀修三摩地，經過數年之後，終於獲得證悟，證得所有眾生渡脫的三摩地。此後，公主以三摩地之威力，每天一早就開始忙碌，將一億十萬有情眾生的凡俗之心超渡到證悟的境界。由於處於安忍階段，公主不受用任何物

食。到了下午，她再次用功，使同樣多的眾生從心中獲得解脫。

於是，公主受到眾生敬仰，被尊稱為「卓瑪」，即度母。公主成為度母後，再次立誓：要解除所有眾生苦難，救護芸芸眾生；在其後九十五劫之內，每日白天置一億一千萬眾生於贏廬中，每夜調伏一億十萬妖魔。因此，度母又有救度母、消除痛苦度母和速勇度母等稱號。

後來，到了無礙劫，慧月公主化身為一名賢人，授受十方所有佛大悲光芒比丘無垢光明之灌頂，遂化現為聖觀世音。觀世音又授受所有佛見知智慧本性大光明灌頂。兩次灌頂授予了觀世音的無限光明，從他的心際化生出父母佛和度母女神。正是這一緣故，觀世音不僅能滿足所有佛的意願，而且能從十六種恐懼中拯救所有有情眾生。也是這一原因，觀世音神力無比，可以化現為二十一位救度母和妙音女神等諸多女神，進而超渡眾生。

度母無所不在的救護功能，讓她備受眾生崇仰。藏民們每天都要供奉度母，吟誦《救難佛母二十一禮讚》。因為度母可以解救人們的困厄，分擔眾生的痛苦，像母親一樣全心意地呵護眾生，自始至終，護佑無微不至。

每日法語

入佛法海，信為根本；渡生死河，戒為船筏。

——《心地觀經·厭舍品》

度母化身班瑪崗

　　西元七世紀，度母女神開始傳入藏區。當時，觀世音菩薩化身松贊
干布，迎娶了文成公主和赤尊公主。赤尊公主進藏時，不僅迎請了不動
金剛、慈氏法輪，還迎請了度母，做為自己的陪嫁。從此，度母女神進
入吐蕃，並很快被藏族人民接納。赤尊公主因此被視為度母的化身，為
人們敬尊。

　　度母女神在藏地，做為佛教的重要本尊，同時也成為藏族土著宗
教——苯教的神靈之一。在當地傳統文化影響下，產生了許多神話傳
說。

　　據說，通曉星算之學的文成公主看出雪域藏土為女魔仰臥之相，建
議松贊干布建立寺廟鎮伏女魔。松贊干布接受這一提議，先後修建大小

昭寺等著名寺廟，並打算根據女魔仰臥之形，在不同的位置上共建一百零八座寺廟。於是聲勢隆重的建廟工程開始了，其中在西北地方建造智慧度母神殿、東北地區建造蓮花度母神殿、康區建造隴塘度母神殿，專門供奉度母女神。唐卡《西藏鎮魔圖》就是以羅剎女仰臥之姿，再現雪域藏地的地理情況，詳細地標注了羅剎女身體各部位代表的地理位置，進而成為建立寺廟的重要依據。

後來，供奉於各地的度母為了救助眾生，遂化身為各處聖地，讓眾生得以安居樂業。其中最有名的是班瑪崗。班瑪崗聖地中央是墨脫肯肯寺，供奉度母由來已久。度母觀照四方，看到眾生生活困窘，她遂化身為處處是寶地的班瑪崗。班瑪崗最高處海拔七千七百八十二公尺，為南迦巴瓦峰，在其心臟部位是墨脫肯肯寺，左右四周則分別是河流阜地、良田沃土，左手為波密許木地方，左腳伸到察隅縣，右腳伸到印度控制區的仰桑河⋯⋯在這裡，可有不種而獲的糧食，吃也吃不完；可有不收而取的牛奶，喝也喝不盡；可有漫山遍野的糌粑樹，隨時可以採摘；可有一年四季開不謝的鮮花，眾生盡情享樂其間。

這樣一處人間樂土養育著眾生，眾生自然將度母視為萬能的女神，創世的始祖。從此，班瑪崗和其他許多度母化身的地方一樣，成為藏民心中的聖地，如嘎如、乃果敦等，寺院周圍的山多被尊為度母化現；昌都地區洛隆縣，還有被稱為「二十一度母」的小湖群，等等不一。

🌸 每日法語 🌸

佛界眾生界，一界無別界。

—— 《寶篋經》

二十一度母救苦難

　　這幅唐卡講述了觀世音菩薩化身二十一度母的故事。

　　度母共有二十一個法相，即二十一度母，藏語稱「卓瑪聶久」，她
們各有自己的職司和密法心咒，是渡脫和拯救苦難眾生的一族女神，也
是藏密各宗派崇奉的女性本尊群。

130

在無量功之前，大慈大悲的**觀世音菩薩**每日每夜，不辭辛苦救渡大批眾生。有一天，他睜開聖眼**觀察**世界，發現六道中依然有數不清的眾生在受苦受難，菩薩不禁悲從中來，流下兩行眼淚。

　　淚珠滴落下來，遂化做朵朵蓮花，從蓮花中生出二十一尊度母，身色各異。二十一度母紛紛對著**觀世音菩薩**立誓發願，表示一定協助菩薩救渡眾生，共行偉業。**觀世音菩薩**非常歡喜，從此，他與眾度母共同努力，每天救渡眾生無數，立下無量功德，於是聲名更加顯赫，眾生對其更加敬崇。

　　二十一度母不僅協助觀世音菩薩工作，據《佛母至尊度母佛法歷史玉葉樂園》記載，還能救渡怨敵、獅子、大象、火、毒蛇、盜賊、牢獄、海浪或水、食肉或非人，麻瘋病、死神、貧困、親眷分離、國王懲罰、霹靂、事物衰萎所致的十六種災難恐怖。除此之外，在眾生沒有遭遇困厄時，她還可增加順緣、增長福壽，對有情眾生利益甚大。故此，度母被尊為世間生死輪迴中拯救一切眾生的渡脫之母與諸佛所有事業的擔負者或佛母，深受藏密各派敬拜。

　　他們認為修持二十一度母本尊法，功德無量，利益無邊，尤其女性修持者，效果更為顯著。為此，藏密各派都極為推崇二十一度母，在許多寺院都有供養。藏曆初八或者二十五，還要舉行「度母四曼陀羅」儀軌等，以行供養和修持。

　　在本幅唐卡中，二十一位度母形態各異，圍繞著中央綠度母，端坐蓮臺，形象極為逼真。這些度母分別為：奮迅度母、威猛白度母、金色度母、頂髻尊勝度母、吽音叱吒度母、勝三界度母、鎮彼敵度母、鎮魔度母、供奉三寶度母、儸魔度母、解貧度母、烈焰度母、忿怒度母，又

稱咨眉度母、救飢度母、大寂靜度母、消疫度母、賜成就度母、滌毒度母、除厄度母、明心吽字度母、震撼三界度母。

二十一度母做為拯救、渡脫人類災難及恐怖的女神群體，千百年來一直深深吸引和感召著廣大信眾。特別是藏傳佛教密宗，把度母做為本尊，廣泛推崇。

每日法語

極樂世界淨佛土中。無量壽佛常有無量菩薩弟子。一切皆是一生所系。俱足種種微妙功德。其量無邊不可稱數。假使經於無數量劫。讚其功德終不能盡。

——《稱讚淨土佛攝受經》

度母救八難

　　這幅唐卡主尊為白度母，講述了度母解脫人間八種苦難的事蹟。八難分別為獅難、象難、火難、水難、敵難、蛇難、獄難、魔難。

　　在整幅畫面的上方，從左至右，依次為四臂觀音、救獅難度母、阿底峽尊者、欽則旺波、救象難度母、蓮花生大師。在救獅難度母下方，

有兩位老者被獅子追趕，正在向度母求救；在救象難度母下方，則是被馴服的大象和被解救的眾人，正在向度母頂禮。

在主尊白度母兩側，左為救火難度母，她站立姿勢，其下眾人被火焰包圍，紛紛求救於她。右為救敵難度母，其下有騎著馬或象、駱駝的人，正在奮力從手執長矛利刃的敵人手中逃脫。

主尊白度母稍下，左側是度母從水中解救的喇嘛向其頂禮；中間為救魔難度母，其下有一魔鬼，不遠處兩個人正從魔掌下逃脫；右側為救獄難度母，就見金碧輝煌的宮殿內端坐著施刑罰的國王，而門後有一人則剛剛逃脫枷鎖，正在向度母頂禮。

畫面最下面，左側是救蛇難度母，其下有纏在樹上的蛇和被救的母子。這一畫面無疑完整地再現了度母救蛇難的過程。

有一位論師，名叫貢確松傑邦，是陳那大師的弟子。他曾經在印度東方的俄智毗夏宣講佛法。有一天，一條大毒蛇突然從海裡出現，不斷傷害人類和生靈性命。論師聽聞此事，想到附近無數眾生都要面臨大毒蛇的傷害，心生悲憫，於是向聖救度母祈禱，並不停唸誦度母心咒。緊接著，他把誦咒加持的芥子撒向毒蛇，並誦偈曰：「此地蛇王昂首主，應懷無損眾生心，請記此句勸請文，應返地下歡愉處！」偈語唱畢，大毒蛇立即退回大海中，再也沒有出來傷害眾生。

度母救八難，一直被人廣為傳頌，實際上，度母顯靈救渡眾生的事蹟何止於此。有一位印度金剛座的聲聞比丘乘船外出時，不慎落入海中，就在被波濤捲走的危難時刻，他想起曾聽說聖救度母能解救水之怖畏，因此就向度母做猛烈祈禱求救。

果然，金剛座外廊殿中一尊木雕度母像聽到呼救聲，親自駕臨海

中，將那位比丘救上岸來，並問他：「您平時怎麼不向我祈禱，到了危難時刻才想起我呢？」此後，殊勝的度母像被尊為入水度母。

整幅唐卡構圖以主尊為核心，內容豐富，上下左右對稱，呈現簡約和諧之美。其餘空間，以山、樹、海螺、牟尼寶等加以裝飾點綴，充分顯示出佛法的莊嚴，以及度母的殊勝地位。

每日法語

眾生以十事為善，亦以十事為惡。何等為十？身三，口四，意三。身三者：殺、盜、淫；口四者：兩舌、惡口、妄言、綺語；意三者：嫉、恚、癡。如是十事不順聖道，名十惡行；是惡若止，名十善行耳。

——《四十二章經》

度母助佛成道

　　釋尊菩提樹下得道時，由眉間釋放毫光，直達魔王住處，引來魔王
進犯，干擾釋尊成佛。這時，救度母以八種笑聲使魔軍昏厥倒地，說明
釋尊降伏魔軍，證悟菩提。

　　這一故事就是著名的「度母諸佛成道」。這幅唐卡中的度母身為黑

色，手捧三面普巴金剛橛，是二十一度母中的伏魔度母，也是助佛成道的度母。在佛教中，度母做為諸佛之母，在幫助諸佛成道時，總是不遺餘力，留下許多動人故事。

帝洛巴是噶舉派祖師，在獲得修證成就前，曾住在印度東方的一座寺廟中。有一段時間，他看見大殿中一尊釋尊佛像的蓮座下，多次發射出光芒，並不時發出悅耳的樂聲。帝洛巴很好奇，就挖掘蓮座下的泥土，從中獲得了《聖救度母密續》。

由於當時沒有遇到密續上師，帝洛巴並未得到真傳。後來他修證成就，前往西方鄔堅地時遇見一位空行母，空行母身色碧蘭，俱足德相。帝洛巴很高興，連忙向空行母請教《聖救度母續》中的祕文。空行母為其一一解答。

帝洛巴又向空行母做禱白，祈請傳授此密續。空行母頓時現為聖救度母相，給他做加持、灌頂，並傳授度母密續。就這樣，帝洛巴修成度母密續，並將其廣為弘揚。

到了西元十一世紀，著名的阿底峽尊者以聖救度母為本尊修法。當時，他駐錫那爛陀寺，有僧人向他彙報，說有位叫麥哲巴的僧人在室中藏有一壇酒。

阿底峽十分重視，親自前往視察，發現果有其事。他很生氣，嚴厲地責備麥哲巴觸犯戒律。麥哲巴不以為然，解釋說：「這壇酒是修密咒時做供品的，並非我觸犯戒律。」

阿底峽不聽他解釋，責令他離開寺院。麥哲巴不再爭辯，當即穿牆而出，離開了那爛陀寺。阿底峽見此，心生疑惑，只得在晚間時向本尊度母做禱白，請求開示。

度母顯靈開聖，為阿底峽尊者授記說：「麥哲巴是登地的菩薩，如今你犯下損害菩薩的罪業，將來會投生為一個龐然動物，被飛禽啄食。」

阿底峽明白自己的過失後，再向度母祈示清淨罪業的方法。度母再次為他授記：「你可以去北方弘揚佛法，並且每天製作四十九個小泥塔，這會清淨你的罪業。」

阿底峽謹奉度母所言，趕赴後藏弘法。在弘法過程中，他多次與外道辯論，有一次，他對外道的辯詞無以作答，於是向度母祈禱。在度母加持下，他戰勝外道，宣揚了佛法。事後，他在金剛座繞塔時，聖救度母和顰眉佛母化現成兩名天女，也在繞塔轉經。兩位佛母以問答的方式給阿底峽傳授了密乘傳規之修菩提心法。

正是在度母協助下，阿底峽成就殊勝事業，成為一代宗師。

每日法語

未曾有一法，不從因緣生，是故一切法，無不是空者。

——《中論·觀四諦品》

諸佛之母聖救度母

　　這是一幅清朝中期刺繡唐卡，主尊為聖救度母。佛經說，過去七劫時，度母在「不動」世界中示法要，授受十方諸佛灌頂，被尊為出生一切諸佛之母。修度母法門者，可以消滅罪業，消滅魔障，脫離災難，滿足一切心願，成就急速，功德利益無量。

《空行母祕密明點》中說「普陀洛伽山頂上，釋迦獅子講密續」，說的是釋迦牟尼在普陀山為諸佛菩薩、天神、龍神和藥叉等講授《救度母密咒續經百萬頌》的故事。為了使密續得以傳承，釋尊率領菩薩會眾前往持舟山，給諸天、龍神、藥叉、乾達婆等無數眾生灌頂，並賜予殊勝悉地。

釋尊圓寂約三百多年後，佛弟子聲聞徒眾開始在印度各地宣講密續，不過，當時還沒有度母密續典籍，所以都是以耳傳方式傳授度母法類。

有位密修士叫哈衍巴拉，他獲得證悟神通後，前往金剛地俄智耶納，在眾空行處獲得《度母根本續》、《度母續注釋》、《威猛忿怒續本注》、《金剛手最勝祕密續》和《四魯噶生起續》等。之後，他來到底布然森林中，建造寺廟，把迎請到的這些密續寶典供奉在寺廟中，並駐錫此寺，對有緣眾生宣講諸經。

哈衍巴拉在弘揚密續過程中，依靠度母之明咒征服了東方的五位國王，使他們成為敬信三寶的信徒；接著，他又征服帝釋天和天母，使他們成為供養佛法的大施主。他還降伏了許多外道，變幻出珍寶樹、天人、天女等，並能夠盤旋飛升虛空。

哈衍巴拉只有一位密咒弟子，名叫哈衍各喀，他與上師相同，修持密續法門，多有證悟。與他們師徒同時代的薩羅訶，是密乘祖師。他是龍樹菩薩的上師，龍樹菩薩在薩羅訶大師處接受了《度母根本續》等四部密續的傳授。龍樹菩薩修成一切明咒後，將密續傳聖天、聖天又傳小羅侯羅賢。這段時間內，有關度母等類的密續典籍只有單傳。

後來，密續傳至尼瑪白尼。尼瑪白巴是連續七世專修聖救度母法的

大德。他自幼天資聰明，去金剛座附近出家，學習龍樹之傳規，成為精通大乘經部教理的學者。他在納噶彌紮大師處接受度母法類之灌頂，成為博通一百零八種度母密續典籍之大師。

　　本幅唐卡中的主尊度母面容慈悲，端坐蓮臺，給人莊嚴之感，畫面上祥雲繚繞，充分顯示佛法神聖，以及度母救渡眾生的功德。

🌸 每日法語 🌸

　　慎勿信汝意，汝意不可信；慎勿與色會，色會即禍生；得阿羅漢已，乃可信汝意。

　　　　　　　　　　　　　　　　　　──《四十二章經》

觀音悲淚化身綠度母

　　無量劫前，觀音大士救渡眾生時，為眾生之痛苦而流下悲淚。當一顆又一顆淚珠滴落之後，匯聚成了一片悲淚的汪洋。忽然汪洋中生出一朵蓮花，上面端坐一位度母，身為綠色，面容慈悲，左腿單盤，右腿向下舒展，半跏趺坐姿。她頭戴玉佛寶冠，上身裸露，肩披幡衣，下身

重裙內長外短，頸掛格珠兩串，左手持一蓮花，右手下垂，掌心向外，做施願印。再看她的身上，戴耳環、手釧、肘釧、手鐲等裝飾，莊嚴妙姿，向著觀音發願說：「您不要灰心，我會與您一起救渡眾生，使他們脫離苦海，為您分擔悲願。」

由於此度母身色為綠色，故稱綠度母，藏語稱「卓江」，即奮迅度母。綠度母是二十一度母之主尊，《綠度母頌》中稱：二十一度母是綠度母的不同事業所化現的佛母，綠度母則是二十一度母所有功德的總攝聚集。

本幅唐卡描繪了綠度母的慈悲聖容，告訴人們，由於綠度母出自大慈大悲的觀音為見眾生之苦而流出的悲心之淚，因此她被視為最慈悲、最靈驗的救苦救難神尊。她右手做施願印，正是為滿足眾生所有願望的表現。

綠度母有著廣大的慈悲心，加持力偉大而迅速，有大無畏的勇氣和精神力。綠度母咒，也是二十一度母之根本咒，包括一切功德。

特別是當今之世，無有比綠度母更殊勝之法門。修持此法門，成效最為迅速，加持力大勝過一切法，是滿願及除障最深奧的法門。修持者可得免除一切魔障、瘟疫病苦，消除一切水火刀兵盜俚蒐磧，並能增長福慧、權威、壽命。凡有所求時，無不如願，命終時往生極樂。其功德利益廣大無量不可思議。

實際上，關於修持綠度母法門獲得成就以及得到祥瑞的故事很多，一直廣為流傳。

古代印度有位十分富有的人，叫阿雍哈，他反對自己的國王，帶著很多人離開國家，自立為王，並打算討伐自己的國王。

原國王聽說阿雍哈叛亂，還要攻打自己，十分生氣，帶著大批軍隊前去討伐他。結果，阿雍哈不是國王的對手，軍隊被打散，自己也被圍困。這時，國王親自來到他的門外，準備進去擒拿他。

就在國王進門時，腳踩在門檻上，便見從虛空中飄下許多鮮花。國王大驚，心想阿雍哈絕不是一般人。因此他沒有殺阿雍哈，反而把他當成自己的部屬。

原來，阿雍哈一直信奉供養綠度母，在剛剛國王進門時，他正是祈請綠度母救護，所以才得以逃脫被殺之厄。

還有一位優婆塞，常年在家信奉三寶，遭到外道騷擾，不斷用鐵錘敲打他的腦袋。他無法忍受這般痛苦，請求綠度母救渡他。綠度母果然幫助他，讓那些外道再也沒有辦法用鐵錘打他。從此，他專心佛法，獲得證悟。

可見，綠度母可以種種方式救渡一切遇難眾生，實現為觀音菩薩分擔悲願的重任，不愧為眾生崇拜、供養。

每日法語

如海中盲龜，頸入軛木孔，人身更難得。　　　　　——寂天菩薩

賜予才智的妙音佛母

　　這幅唐卡的主尊是度母的又一顯相，名為妙音佛母，也稱「妙音天女」，是一位示現女相的智慧本尊。

　　我們知道，度母有二十一種化身，分別為長壽度母、救苦度母等等。其中智慧度母的單獨顯相就是妙音佛母。關於妙音佛母的由來，佛經上講是觀音菩薩為了消除世間的五濁弘流，拔下自己的一顆犬齒放入海中幻化而出。在佛教中無論顯密均重視此尊的功德，藏密視她為文殊

菩薩的佛母。

妙音佛母是賜予各種智慧及文藝天分的本尊，凡學習或從事藝術、文學、書法、音樂、工巧、寫作及辯論的人，修持此法門都會得到莫大的加持。修持此本尊，會增長不可思議的敏捷智慧。另外，可開慧增福，得善妙辯才破諸外道邪論。究竟而言可以彰顯俱生佛智，得證佛果，成就無二文殊妙音一切悉地。

可是，修持妙音佛母法門，需要注意一點，此本尊能迅速賜予智慧的增長，但卻不利於累聚財富。這件事說來有趣，相傳許多劫之前，有位國王有兩位妃子，一個主管教育，一個管理財務。兩人互不服氣，常常爭吵。為此，國王很是煩惱，經常勸解她們，卻沒有任何效果。後來，兩位妃子各發誓願，修持智慧者，則不予錢財，修持財法者，則不予智慧。兩位妃子竟修成大德，主管教育者成為妙音佛母，主管財物者成為財續佛母。

由於這一緣故，傳統上，修持妙音佛母者都是先修財續母閉關或同時依止財續母，以填補這方面的需要。所以，財續母與妙音母可視為一對互配的組合。

妙音佛母為事密部本尊，有多種身相，一般為白色，一面二臂，手持梨狀琵琶，上有千條琴弦。但在唐卡繪畫中，由於無法繪製如此多的琴弦，通常只會繪上三條，以示代表。

在本幅唐卡中，妙音佛母雪肌玉顏、青絲成髻，天衣綢裙，貌若十二歲童女，安住在蓮花月輪之上，右腳在外、左腳在內，雙足交叉。身上佩戴環釧瓔珞，諸飾莊嚴。左手輕托千絲琵琶，右手輕撚彈奏妙音，以其打動眾生。故此，此尊又被喻為音樂女神，梵文的本尊。在西

藏，但凡學習梵文者，大多會修此法門以求學習順利。

　　與其他佛母不同的是，妙音佛母不僅是佛教所信仰的本尊，也深為印度教信仰。印度教所尊的妙音佛母形相與佛教極其類似，唯一細微分別在於她們繪製本尊的琵琶頂飾為外勾，而佛教則為內勾。正是如此，在修習妙音佛母這一本尊時，無論修持者是否有菩提心攝持者，都一樣會有靈效。

每日法語

　　地獄眾生猶如夜晚繁星，而餓鬼則如白晝之星；餓鬼眾生猶如夜晚繁星，而傍生則如白晝之星；傍生眾生如夜晚繁星，而善趣眾生則如白晝之星。

——《普賢上師言教》

白度母

這幅唐卡主尊白度母,藏名卓瑪嘎爾姆,與長壽佛、尊勝佛母合稱
「長壽三尊」,深受藏密各派敬仰。

相傳,白度母是阿彌陀佛左眼所化,她的形象很好辨識。在她的臉
上有三隻眼,手心、腳心各有兩隻眼,加起來共有七目,所以又稱七眼

佛母、七眼女。

本幅唐卡中，白度母身色潔白，穿麗質天衣，袒胸露腹，頸掛珠寶瓔珞，頭戴花蔓冠，烏髮挽髻，面目端莊慈和，飾以耳璫、手釧、指環、臂圈、腳鐲等法物，整個形象給人典雅優美之感。她左手當胸以三寶印撚烏巴拉花，花莖曲蔓至耳際，右手膝前結施願印，表示願意幫助人解難。

白度母性格溫柔善良，頭腦非常聰明，沒有能瞞得住她的祕密，因此人們總愛求助於她。這一切得益於七眼之功。據說她額上的一目可以觀十方無量佛土，瞭解四聖地方的狀況；而其他六目可以觀六道眾生，清楚他們的情況，進而全面掌握十法界，俱攝十法界功德。

白度母熱心幫助眾生，在她的幫助之下，眾生的苦難消除，事事如意，所以也被稱為「救度母」。

有個傳說，一名小孩子父母雙亡，每當看到別的孩子被父母疼愛時，他就會很傷心。可是無人能夠傾聽他的心聲，於是他經常跑到附近一尊石雕度母像前，向度母傾訴自己的不快。度母像是石頭雕成，自然無法回答他，但是孩子一如既往地向她訴說心事，不管快樂的還是悲傷的，從內心深處把她當做自己的母親。

有一天，孩子受到欺負，再次來到度母像前，說出自己的煩惱，並靠在度母像上。這時，奇蹟出現，度母像居然移動了，就像母親擁抱兒子一樣，她輕輕撫摸著這個孩子，給他安慰，給他溫暖。然後，摘下脖子上的項鍊為孩子繫上。

後來，當有人看見孩子脖子上的珍寶項鍊時，不由得驚奇地問：「你一個孤兒，怎麼會有這麼珍貴的項鍊？」

孩子自豪地回答：「這是我母親給我的。」

「你母親？」人們更奇怪了，「你父母不早就死了嗎？」

孩子說：「就是那尊度母像。」

好奇的人們來到度母像前，他們發現度母脖子上的項鍊果然不見了，可是卻沒有一點鑿刻下來的痕跡。他們這才相信孩子的話，也更加敬崇度母。

修白度母法者，一切罪業消滅，一切魔障消滅，能救一切災難。而且無子息者，求男得男，求女得女，求財得財，長壽富貴，凡有所求無不如願，成就極速，其功德利益無量。誠如《贊白度母》經中所說：修持白度母法，能消除病因災劫，能增長壽命及福慧，斷輪迴之根，免除一切魔障、瘟疫、病苦，凡有所求無不如願。

🌸 每日法語 🌸

已得此閒暇，我若不修善，除此更無惑，除此更無癡。

——《菩薩入行論》

綠度母

　　度母有不同的化身，而最根本的還是綠度母。綠度母的身色與五方佛中不空成就佛相同，而不空佛代表了諸佛的事業，所以，綠度母代表了三世諸佛的化現。

　　在唐卡繪畫中，綠度母往往手持一根「烏巴那」花，上面既有果

實，也有盛開的花朵和花蕾，其中果實代表過去佛，花朵代表現在佛，花蕾則代表未來佛。綠度母端坐蓮臺上，右足垂下，表示隨時起身救渡眾生。這一形象成為她與其他度母的顯著區別。

觀想綠度母畫像唐卡，斷除「利益自己」、「有所求」的念頭，可以得到本尊加持，消除一切煩惱、痛苦，得到平安快樂，增長福德。

有一故事說，在釋尊圓寂三百年後，密乘一度在各地衰微，這時，綠度母一直護持佛法，流傳各種密法。當時有位國王，名叫哈勒縶納，親自修持綠度母法門，每日觀想綠度母畫像，終於得以見到綠度母本尊，由此他及一切眷屬都得到解脫。

與此故事類似，講述綠度母化渡眾生的故事還有很多。

在印度有位非常貧窮的人，他聽說密乘金剛乘裡有位本尊名為度母，可以解除所有煩惱苦難。有一天，當他在路上行走時，恰好看到路旁有一尊石頭做成的度母佛像。他很驚喜，就將這尊度母佛請回家中，每日勤加供養，從不懈慢。而且他每天都向著度母像祈求道：「大慈大悲的度母啊，您能否消除我貧窮的障礙，為我的事業加持？」

這樣過了一段時間，一天他回家時，忽然從度母像裡顯現出度母本尊，對著他說：「在某地有塊石頭，石頭下面有一寶瓶，你去那裡拿那個寶瓶，就可以解決你現在的一切痛苦。」

那人很高興，連忙按照度母指示趕往某地，果然找到那塊石頭，並從石頭底下拿到寶瓶。當他打開寶瓶時，頓時嚇呆了：裡面裝滿了珠寶！他十分喜悅地回到家中，然後拿著珠寶去做生意，很快賺了一大筆錢。從此，他擺脫了貧窮。

可見，綠度母功德無量，接受綠度母灌頂，能夠消除一切眾生的障

礙，一切眾生的貪、嗔、癡的煩惱，一切心理上的痛苦，還有家庭不美
滿的障礙，各種疾病的障礙。消除了之後，一切眾生也都能得到平安快
樂，福德也不斷地增長。

每日法語

地獄眾生猶如大地的微塵，餓鬼眾生猶如恆河沙，傍生猶如酒糟，
阿修羅猶如瀰漫的大雪，而人及天人僅僅像指甲上的微塵一樣。

——《普賢上師言教》

度母救海難

這幅度母救水難唐卡，也叫度母救海南。相傳多年以前，印度南方有位從事海中尋寶的商人，他為了尋找珍寶，經常在大風大浪中出航，十分危險，可是為了追求財富又不得不如此。有一次，他帶著五百多人乘坐三艘大船出海，臨行前，許多父母親來到岸邊為他們送行，不少人流下眼淚，說著離別的話語。

幸運的是，他們一路航行，倒也沒有遇到多大風浪，反而很快找到一座海島。當他們登上海島時，不由得驚喜萬分，這是一座寶島，島上遍地珍珠，數不清的寶藏。他們興奮地採挖珍寶，裝到船上，然後繼續航行。

接著，他們到了第二座海島，這座島上遍佈檀香。他們又迅速地採集了很多檀香，堆滿船隻。如此順利的航行和收穫，每個人都非常高興、喜悅，他們滿懷感激地踏上回家的路程。

不幸的是，他們的所作所為驚擾了海上和島上的神祇，當船隻剛剛駛出海島時，忽然颳起了颱風，頓時海浪滔天，狂風勁吹，吹斷了桅杆，打翻了船帆，大船被衝擊得支離破碎，整船的珍寶立時沉入海底。

這一下，船上的五百人痛苦極了，他們有的緊緊抓著船舷，害怕沉入海底；有的慌忙搶奪珍寶，唯恐珍寶消失；有的互相抓扶、呼喊；還有的開始唸誦天神、日月等世間神祇的名號……然而，不管這些人怎麼做，他們無一倖免地落於海中，葬身海底。

其中只有一人與眾不同，他是位佛教居士，他想到了救苦救難的度母，於是大聲唸起度母的十字咒語「嗡答雷、督答雷督雷、梭哈」，祈請度母救護。剎那間，狂風巨浪嘎然而至，沉入海底的船隻浮出水面，珍寶無一缺失。他載著滿船財寶抵達了海邊，從此，他不忘度母救護之恩，以這些財富廣行善業，獲得大成就。

本幅唐卡中，度母身為紅色，左手持蓮花，右足垂下，是典型的度母形象，只不過她手持的蓮花上有吐火摩尼寶，這正是做為救水難度母的象徵。

🌸 每日法語 🌸

為欲曾千返，受燒等地獄，然於自他利，我悉未能辦。現無爾許苦，能成諸大利，為除眾生苦，於苦唯應喜。　　——《菩薩入行輪》

度母救獄難

在印度，有位大成就者，名天使，學習通達大、小乘的顯密教法，尤其以辭藻學聞名於世。當時，喀什米爾國王夕哈夏迭哇聽聞他的名聲，就請他去宣法，並拜他為國師。結果，他在喀什米爾講法受到熱烈歡迎，沒多久，除了喀什米爾國王外，拉達克等印度北部地方的很多國王都來跟他學習，由此，他深得很多出家和在家眾的尊敬。

於是，他開始廣修寺廟，授徒弘法，只在喀什米爾就蓋了五百多座佛寺，還準備到其他各地修建佛寺。由於佛教影響越來越大，土耳其、巴基斯坦等地的回教徒中也有人開始信奉佛法，供養佛僧。這樣一來，不可避免產生了宗派之間的矛盾。土耳其一位國王非常生氣，派人將正在附近傳法的天使抓了起來，對他說：「你必須放棄

佛法，學習我們的可蘭經，不然我就殺了你。」

天使上師聞言，並不害怕，堅決回答：「就算你殺了我，我也不會放棄三寶。除了三寶，我沒有其他可以皈依的教派。」

國王見他態度堅決，大怒，下令將他關進監獄。

在獄中，上師祈請本尊度母，頓時，他身上的手銬、腳鐐變成了花環，虛空中降下花雨和檀香粉，並傳來美妙動聽的音樂。音樂聲驚動獄吏，他們近前看到發生的一切，驚訝極了，趕忙回奏國王。

土耳其國王聞奏，一點也不相信，自己親自來到監獄查看。結果，他看到上師身上的鐵鏈果然沒了，於是他下令用另一條鐵鏈捆綁上師。可是，這條鐵鏈也變成花環，一連用了七條鐵鏈，結果都是一樣。這時，土耳其王徹底嚇呆了，他請上師進入王宮，並請他為自己講法，還打算拜他為國師。

這一消息傳出，引起本國很多回教上師和學者不滿，與天使上師之間展開多次明爭暗鬥。上師於是辭別土耳其王，對他說：「這裡沒辦法傳法了，我要到其他地方去。」他離開喀什米爾，到別的地方繼續弘法事業。

在這一故事中，救護上師脫離獄難的度母正是救獄難度母，救獄難度母也是二十一度母之一，她左手持蓮花，上有金剛鉤，顯示與其他度母不同之處。

每日法語

唯有精進，是能修證菩薩善法最勝之因，餘則不爾，故諸如來稱讚精進，能證無上正等菩提。

——《菩薩地》

157

光明天母遍巡天下

這幅唐卡描述了光明天母遍巡天下的事蹟。

圖中的光明天母通體金紅色，頭戴花冠，三面八臂，每面各有三目，其中一面為豬面。她的主臂雙手在胸前，分別持著金剛杵和花枝；右面三隻手分別持有鉞、箭、針；左面三隻手分別持有弓、鉤、繩索。整個形象威嚴莊重，給人震懾之感。

更為令人稱奇的是，光明天母半跏趺坐在一輛由七隻黑豬拉的車上，飛速前行。她的身後金色光耀，背景上日月、彩雲、山川大地，繪製十分精細，頗顯富麗堂皇，充分展現了佛法的神祕和莊嚴。

光明天母為何坐在豬拉的車上，她在做什麼呢？

原來，光明天母梵名摩利支，或摩利支提婆，是佛教諸天之一。

據佛經記載，往昔天與非天阿修羅曾經展開一場激戰，戰鬥中，諸天放射神威之光，從光中幻化出了摩利支。摩利支通體金光，頭髮也是金色的，從她的黃金之法中湧現出數以億計的天兵、天將，他們身穿黃金鎧甲，與非天阿修羅奮戰。結果，阿修羅戰敗。於是諸天將其委以如意樹之主，稱為「具光樹天母」。此後，摩利支便以世間天神之相居中在印度無憂樹前。

釋尊在祇園對弟子講法時，曾經說過：「日前有天，名摩利支，有大神通自在之力，若有知彼摩利支天名常憶念者，彼人不可提亦不可縛，亦不可害亦不可欺誑，不為怨家得便。」意思是說，摩利支具有大神通自在之法，常常隨從日天（太陽神），在他之前疾走如飛，以遍巡四天下，擔任護國安民的事業。因為這一緣故，摩利支才乘坐在豬拉的車上，以求前進神速。

摩利支能夠見到日天，可是日天看不到她。所以她可以隱身，做到無人能見，無人能知，無人能害，無人能欺，無人能約束，無人能騙其錢財，無人能債其財物，無人能罰，不畏怨家，能得其便。

摩利支的靈感迅速銳利，極有神效。特別是她的隱身功德，可以消除許多厄難。修持此法門者，可以解救怨敵盜賊、險路怖畏最上之法，是消除遠行途中障礙，一路平安，阻隔怨敵、盜匪、竊賊、王禁及禍事，平息外內動亂、誹謗、一切過患之最上方便。

每日法語

懶惰受樂味，愛習近睡眠，不厭生死苦，當生諸懈怠。

——《菩薩入行論》

吉祥天母逢凶化吉

這幅唐卡中的主尊是吉祥天母，又稱吉祥天女、騾子天王，藏語稱「班達拉姆」，是藏密中一個重要女性護法神。畫面中她以遊戲坐姿側身跨坐黃騾背上，凌空飛行峰巒血海之中，口裡咬著人屍，滿頭赤髮，上面插著一輪孔雀翎。右手持三叉天杖，左手托著在血海中遊動的嘎巴拉，身披人皮，頭戴骨飾，肚臍外露，裝飾著太陽之物，整個形象威猛恐怖，是典型的忿怒形相。

從這幅唐卡中，我們可以瞭解到吉祥天母緣起的故事。

傳說吉祥天母是古印度婆羅門教濕婆大神的女兒，她生得貌美如花，性情淫蕩，擁有一百零一個情人，終日淫亂不止。

她的父親為此十分生氣，為了幫助女兒改邪歸正，將其鎖起來關在

狗窩裡悔過。

　　吉祥天母的母親眼見女兒受苦，非常心疼，就趁著半夜時分將她放了出來。此時月黑風高，一個女兒家何以逃生？母親情急之下，顧不得許多，從牲畜棚裡牽出一匹黃色騾子，讓女兒騎著逃命。

　　可是，當騾子馱著吉祥天母逃跑時，蹄聲驚動了她的父親。父親起身騎上駿馬在後面追趕，眼看著就要追上她了。這時，父親彎弓搭箭，射向逃跑的女兒。不料夜色朦朧，這一箭沒有射中女兒，卻射中了騾子的屁股。令人稱奇的是，箭傷處沒有流血，反而幻化成一隻天眼。

　　於是，騾子馱著吉祥天母逃之夭夭，父親再也無法追趕上她。

　　父親非常生氣，只好暗暗祈禱，希望上天賜予女兒最醜陋的容顏。

　　父親的祈禱果然奏效，隨著時光推移，吉祥天母竟然越來越醜，最後成為一個醜陋無比、難以見人的女人。

　　吉祥天母心情悲痛，無奈之下流浪到了東海，並與一個叫羅剎的魔鬼結婚。由於沒有生活來源，他們只好以吃人為生，並養育了一雙女兒。

　　吃人的事情流傳很快，觀音菩薩得知後，非常憤怒，專門趕到東海警告吉祥天母，如果她繼續作惡，會遭到大難。要想改邪歸正，脫離苦海，她必須殺掉羅剎。為此，觀音菩薩賜予她一把寶劍，並限期一百零一天。

　　吉祥天母接受觀音菩薩勸誡，想盡辦法殺掉羅剎，卻始終不得下手。最後一天的夜裡，她看到月色之下，羅剎依然睜著一隻眼，於是將月亮摘下來吞進肚子裡。這時，周圍一團漆黑，羅剎睜著的眼睛什麼也看不到，終被吉祥天母所殺。

殺掉羅剎之後，吉祥天母立刻離開住處，準備尋找新的生機。就在她不斷前行時，忽然聽到身後傳來腳步聲，她回頭一看，原來是兩個女兒。此時的吉祥天母，已有了消除魔鬼的信念，想到女兒們長大後也要禍害人間，便一劍一個砍下她們的頭顱。

然而，無頭女兒們的身體依然追隨母親，不肯離開半步。吉祥天母母性大發，停下腳步為她們砍下鱷魚和海獅的頭，裝在她們的身體上，並帶領她們一起走。

後來，吉祥天母修行成神，由於她身帶魔鬼，所以觀音菩薩派她每年除夕之時出門制止惡行。誰要是做惡事，就放出魔鬼吃掉她。

從故事中可以看出，吉祥天母威力顯赫，影響深遠。西元七世紀，吉祥天母在松贊干布修建大昭寺時，被恭請為護法。此後，她又成為拉薩城的保護神。從此，她在藏密中頗受崇奉，各教派均供養其塑像、唐卡，凡是破壞佛法者，都會被她征服和處置。

因為護法有功，拉薩地區便逐漸形成敬拜吉祥天母的節日——白拉日珠節，在每年十月十五日，喇嘛們從大昭寺抬出吉祥天母像，遊巡市中，當來到南城時，總要將神像轉身與拉薩河南岸的赤尊贊廟遙遙相視一會兒。這一形式的由來也有一段典故，據說赤尊贊原是吉祥天母的丈夫，開始也住在大昭寺，後來被她趕出，住在拉薩河南岸，成為地方保護神。他們每年相會一次，以表思念和好之意。

每日法語

必須善學菩薩學處，及受已不學過患極重，當視煩惱猶如仇敵，於諸難行莫覺為擔，應發心力視為莊嚴。　　——《不放逸品》

那若空行佛母

那若空行母是古印度大成就者那若巴傳承的一位專屬空行母。

那若巴本是孟加拉的一位王子，自幼傾心佛法，年紀輕輕就成為那爛陀寺的一名主持，不僅勤修佛理，還成功地渡化許多外道。

有一天，當那若巴專心閱讀佛經時，忽然一位長相可怕的老婦人出現眼前，問他：「你潛心閱讀，可是你知道書中文字的意義嗎？」

那若巴回答說：「我瞭解字意。」老婦人一聽，高興地手舞足蹈。

那若巴見此，接著說道：「我也瞭解其中的意義。」

這下，老婦人不高興了，立刻轉過身去偷偷流淚。

那若巴好奇極了，問道：「您為何如此傷心？」

「因為當你說瞭解字意時，你是誠實的；可是你說瞭解意義時，就是說謊。」老婦人沉沉而言。

那若巴明白了，於是趕緊問：「請您開示弟子，誰才能懂得其中意義？」

老婦人說：「我的哥哥帝洛巴，你只有乞求他教導你，才會真正懂得其中意義。」說完，她幻化一道彩虹，頃刻間無影無蹤。

那若巴從此離開那爛陀寺，帶著乞討的食物和一根棍子，走上尋找上師帝洛巴的旅途。

一天，當他來到一條狹窄的山間小徑時，遇見一位患麻瘋病的女子。這位女子無手無腳，面容恐怖，擋在他的前面尖叫著：「繞過去，要不就跨過我。」

那若巴看看四周，一邊是湍急的水流，一邊是陡峭的懸崖，再無道路可走，只好硬著頭皮從那麻瘋女子身上跨過。這一瞬間，那女子升入虛空，身邊籠罩光環，向著那若巴說：「習性力量左右著你，如果你仍執著於外貌，就無法找到你的上師。」說完，迅即消失不見。

此後，那若巴更加勤奮地尋找自己的上師，一些駭人的妖怪影像不斷浮現他的眼前和身邊。可是他始終不肯放棄，並且連生命都準備不要了。就在這時，帝洛巴顯現了。那若巴十分激動，懇求地問上師為什麼一直躲著自己。

帝洛巴回答道：「其實我一直在你身邊，是因為你無明之心，障礙了你的視覺，所以你看不到我啊！」

那若巴得到上師開示，極度虔誠地追隨帝洛巴，得到了殊勝教導。經過十二年修持，他忍受了十二項嚴厲考驗，慢慢淨化了心靈，喚醒了四身，證悟究竟的佛果，修成一代大師。

在那若巴成長的道路上，多次示現於他之前，賜予他殊勝灌頂，為他指引道路的駭人女性形象，就是偉大的空行母。後來，那若巴將自己按照《勝樂續》修練空行母法門的方法撰寫成章，傳承後世。這一法門得到藏密噶舉派推崇，並在全藏各教派間流傳，許多寺院都供養著她的塑像、唐卡。

在唐卡繪畫中，那若空行母身紅色，裸體，一面二臂三目，左手高舉盛滿血漿的顱碗，右手持金剛鉞刀，左肩上橫放一頂端飾有金剛杵和新鮮、半乾人頭的天杖，身上佩戴各種珍寶首飾，項掛一串五十個骷髏做成的連珠。雙足右屈左伸，威立於蓮花日輪上，腳下踩著自己的化身——卡拉啦底和巴拉哇，象徵著摧毀自我內心的貪、嗔、癡，化為利益眾生的慈悲心。

從畫面中還可以到，那若空行母眼望遠方「空心淨土」，一番欲飲血水之姿，說明她願意接引一切皈依者到她的淨土。因此，修持此法門者，此生即可證得圓滿菩提。正是這一原因，她成為西藏修行高僧樂意皈依的本尊之一。

每日法語

未知經說諸真實義，唯三摩地而生喜足，即便於此起增上慢，謂是修習甚深義道，故終不能解脫生死。故我於此密意說雲，由從他聞解脫生死。

——《菩薩藏經》

大白傘蓋佛母

　　大白傘蓋佛母，藏名Gdugs Kar，傳承分人間、天界兩種，其化相很
多，較為著名的有千手、二臂大白傘蓋佛母。

　　佛陀住世時，阿修羅眾經常向天界進兵。天界不善武，不敵阿修
羅，只好求助釋尊。釋尊化現千面千手大白傘蓋佛母，巨大無比，威嚴

颯颯，阿修羅眾見狀紛紛迴避退縮。此後，《佛說大白傘蓋總持陀羅尼經》得到傳承。修持此尊法門者較多，可以獲得眾多功德利益，除了躲避各種自然災害外，還能消除內心的各種煩惱，特別能夠化解外敵的侵害。

佛經上講，外敵很多，既有人類，也有魔類、獸類，他們會帶來許多不順和傷害。如何化解他們的傷害，大白傘蓋佛母具有靈效。有個故事正是說明了這一問題。

在藏區，有位著名的譯師，名叫熱羅。熱羅譯師年輕時曾經到尼泊爾求法，拜著名的巴若查大師為師。巴若查大師有不少稀有的傳承，具有了不起的神通，可以一眼看透求法者有無因緣的根器。可是他很少收徒弟，所以熱羅譯師能夠拜他為師，足以說明根器了得。

巴若查很看好熱羅譯師，為他傳承金剛亥母法門，使他事業精進。

不久，熱羅譯師到尼泊爾著名的佛塔處繞拜朝聖，轉塔時遇到一位外道。這名外道名叫布納那胡，法力高強，曾經多次以法力殺害佛門弟子，因此許多人都知道他。當他與熱羅譯師相遇時，立即發問：「你從哪裡來？」

「我從西藏來到尼泊爾，是向巴若查大師求法的。」譯師坦誠回答。

布納那胡一聽，立刻說：「你還不如拜我為師！」

熱羅譯師堅定地說：「不可能！已經騎著良馬的人，怎麼可能下馬換騎驢子呢？這是很簡單的道理，我身為佛門弟子，怎麼可能會改修低層次的外道呢？」

布納那胡十分惱怒，與熱羅譯師展開辯論。可是他辯不過熱羅譯

師，就氣呼呼地說：「我不與你枉費口舌。你等著，七天後，看我怎麼收拾你！」說完，揚長而去。

熱羅譯師回到住處，三天後開始頭暈難受，無法修持亥母法。巴若查大師看到他的模樣，吃驚地說：「你遇到大劫了。到底是何事？是你違犯了師徒關係？還是在與他人鬥法？」

熱羅譯師將遇到布納那胡的事稟明上師。巴若查聽完，沉思著說：「我知道布納那胡，他已經殺害過不少佛門中人了，你現在的處境十分危險啊！」

熱羅譯師祈請道：「上師啊，可有破解外道的法門？」

巴若查想了想，說道：「如今只有如此了。」說完，他為熱羅傳授大白傘蓋佛母法門及其護輪，命其好好修持。

之後，熱羅譯師便到了一座山中，藏在一口大缸中，以佛母護輪蓋上缸口。

第七天，布納那胡果然趕來了，他祭起一種像普巴鑼的飛鑼，以神通向熱羅譯師不斷發動攻擊。飛鑼受咒力主使，可以如導彈一樣飛行，尋找到目標將其毀滅。

熱羅譯師躲在缸中，聽到飛鑼在空中飛響，第一支打中他住處的外門，炸裂聲震耳欲聾；第二支打中房屋的柱子；第三支打中了牆上掛著的金剛亥母唐卡。儘管飛鑼如此神通，由於大白傘蓋佛母的護持，卻始終找不到熱羅譯師躲藏的地方。就這樣，熱羅譯師躲過一劫，沒有受到傷害。

又過了七天，布納那胡因為無法殺害熱羅譯師，輸了這場鬥法。他身為外道長老，竟然敗在熱羅譯師手下，羞憤難當，最終自殺而亡。

這一著名的鬥法事件充分彰顯了大白傘蓋母法門威力非比尋常。這幅唐卡中，大白傘蓋佛母千面、千手、千足、千眼，天衣、彩裙、珠寶、瓔珞裝飾，千足威立，踏六道眾生之背，傘蓋張馳覆天蓋地。修習大白傘蓋法，能驅遣一切邪魔，擁護行者。遮止戰爭，免除諸難、諸病，並保護行旅。修習此法，可回遮一切外道邪法咒避阻。

每日法語

雖吾所受苦，不傷他人身，此苦亦當除，執我難忍故。如是他諸苦，雖不臨吾身，彼苦仍應除，執我難忍故。　　——《菩薩入行論》

第四篇

關於上師、高僧的唐卡故事

上師傳承

　　在佛教中，上師是直接開啟信徒智慧，指引證悟之道的傳承者，最受弟子尊敬。藏密從寧瑪派開始，形成繪製自己特定的上師圖，描繪本派乃至本寺的上師傳承的習慣。信徒們透過膜拜觀想上師圖，可以獲得心靈上的啟迪，進而明確自己證悟的方向，以規避證悟過程中的歧途。

這一活動為各教派沿用，並逐漸將上師圖視為心靈的「避難樹」。

本幅唐卡是關於傳承上師寂天菩薩的，講述了他在那爛陀寺騰空誦經的故事。

約在西元六世紀末，古印度南方的賢疆國國王名善鎧，他的太子名寂鎧。寂鎧從小信仰佛法，恭敬三寶，孝敬長輩，親近兄弟，對眾生非常慈善，常常佈施財物，救助他人。他學識出眾，掌握很多技藝和學問，後來師從瑜伽師「古蘇嚕」，學習《文殊銳利智成就法》，透過精進修持，得到很大成就。

後來，善鎧國王去世，寂鎧太子得到大臣們擁戴，準備登基稱王。可是，就在舉行授權灌頂儀式的前一夜，寂鎧太子做了一個夢，夢中他見到文殊菩薩端坐在自己將登基的王座上，慈悲地望著他，說道：「這是我的寶座，我是你的上師，你和我平起平坐，是不應該的。」

寂鎧不知何意，正要詢問，便見到大悲度母尊出現，她手持開水為自己灌頂。太子大驚，忙問：「為什麼用開水為我灌頂？」

度母回答：「授王權灌頂之水與地獄鐵水沒有什麼區別，我用開水為你灌頂，就是要你明白這個含意。」

寂鎧太子驚醒，回想夢中故事，不由得恍悟，想到這是文殊菩薩和度母勸導自己不要登位稱王。從此，他對世俗事務不再感興趣，產生了強烈的出家意念。於是，他不顧臣屬勸阻，毅然捨棄王位，獨自一人離開王宮，在那爛陀寺勝天大師座下出家為僧，法名「寂天」。

寂天出家後，無論在學問還是修持上，都取得突飛猛進的進展，特別是金剛乘密法，尤有心得。可是他深藏不露，表面上他除了飲食、睡眠、步行外，其他事情一概不聞不問。寺中不少比丘見他這副模樣，十

分瞧不起他，諷刺他為「三想者」。並且認為他不具備任何一種修行正法的功德，不應該再住在寺內，總想把他打發走。

可是，這些人一時間又找不到很好的理由來驅逐寂天大師。到了該寺舉行誦經大會時，他們有了主意。誦經大會要求比丘在會上背誦所學的經典，這些人想，寂天什麼都不懂，要是藉此機會讓他誦經，以此羞辱他，一定會讓他自行離開寺廟。於是，他們找到勝天法師，讓他安排寂天誦經。

勝天法師知道比丘們的打算，可是又不能不安排寂天誦經，就對他提出這個要求。沒想到，寂天一口應允下來，一點也不遲疑。

很快地，誦經的日子到了，那些有意驅趕寂天的比丘們聯合起來，在會場上故意搭起了高座，而沒有安設上座的階梯。他們召集所有比丘，集合在會場中眼巴巴等著看寂天無法登上高座而出醜。

寂天根本不理會眾人，他來到會場，很自在地登上高座，沒費吹灰之力。接著，他問大家：「請問要背誦已經聽過的論典，還是沒聽過的？」

那些故意羞辱他的人見他自如地登上高座，已很氣惱，又聽到如此的問話，心想，這不是癡人說夢嗎？沒聽過的怎麼背誦？因此，他們故意回答：「當然要背大家沒有聽過的。」

寂天頷首應允，尚未開口，就見祥瑞紛呈，空中飄落美麗的花朵，香氣四溢。祥雲中顯現文殊菩薩的聖尊，莊嚴殊勝。寂天開口誦讀，竟然出口成章，誦就流傳後世的《入行論》。

當他誦讀到第九品三十四時，在他「若實無實法，皆不住心前，彼時無他相，無緣最寂滅」的高聲誦讀中，他的身體騰空，漸漸升高，升

入雲際，終至不見身影，只有從虛空中傳來的朗朗誦經聲，傳入會場諸人的耳中。

在本幅唐卡中，可以看到寂天菩薩離開座墊，升入高空，他手中的長條經書正是象徵著他在誦經說法。圖中的寂天大師神態安詳，面容慈悲，令人肅然起敬。整幅畫面線條簡約，卻表現了豐富的內容和含意，實在難得。

升空誦經之後，寂天菩薩聲名鵲起，以佛法及神通救助了無量眾生。而他著作的《入菩薩行論》、《集學論》，成為傳世之作，至今仍被重視，在藏傳佛教中廣為流傳。不僅如此，由於寂天在《入行論》中提出「由思唯我愛執的過患，及他愛執的功德等，而生起悅意慈心」的修持方法，進而創立「自他相換」修心法，與「七因果教授」修心法，共同構成了修菩提心的兩種不同法軌。

寂天菩薩成為「自他相換」修法的傳承上師，實踐這一修法的派別被稱為「偉大行派」。

🌸 每日法語 🌸

如是於所緣境心堅固已，應以智慧而善觀察，若能發生智慧光明，乃能永害愚癡種子。若不爾者，如諸外道，惟三摩地不能斷惑。

——《修次初篇》

上師供奉

這是一張珍貴，彩繪藏傳佛教的上師供奉唐卡。

藏密最重師承，專門以供奉上師為內容的修行方法，稱作上師供奉。各教派都有自己的上師供奉唐卡，這幅唐卡畫面中央繪製格魯派創建者宗喀巴大師，他戴尖頂黃僧帽，雙手當胸結說法印，左右各出莖蔓蓮花。在畫面的下方是汪洋大海，海中生出一棵如意樹，樹上坐滿了上

師、菩薩、護法神，共有三百五十七位。

這種以上師構成大樹狀為主題的唐卡，又稱為姿糧田，全稱是喇嘛供養資糧田，顯示修行者對主尊頂禮、供養、祈請與皈依，以積福的觀想對鏡，充分表現了教法的傳承，以及主尊大師的無上功德。

本幅唐卡中的主尊宗喀巴大師，生於青海湟中縣的一個佛教家庭，父母都是虔誠的佛教徒。他十六歲時，已經熟知許多佛理經文，並前往西藏進修深造。

在藏區，宗喀巴輾轉各地，一面禮佛求學，一面修習鑽研，融合各家之長，探析各派流弊，在學問、修持各方面取得極高造詣。在這個過程中，他注意到一個現象，由於戒律鬆弛，佛法漸漸不得人心，他十分焦慮，決意進行宗教改革。他認為，首先應該重整戒規，遵守戒律，為了表示自己的決心，他將原來戴的棕紅色僧帽改為黃色僧帽，以重視戒律為號召，被稱為黃帽派。因為藏教史上，在他之前有兩個人戴過黃帽，這兩個人都是特別注意戒律的。這幅唐卡中，宗喀巴頭頂黃帽十分顯眼。

改戴黃帽後，宗喀巴還著述講學，力求糾正各教派的流弊，系統建立佛教理論，並在拉薩發起大祈願法會，修建甘丹寺，以噶當派教義為基礎，正式建立格魯派。

然而，格魯派創建之初，並沒有得到尊重和推崇，反而受到了來自其他各教派的輕視和打擊。有一年，宗喀巴曾往金沙奔巴行廣大供養，在那裡講比丘戒，為廣大眾生講說戒律儀法。有位叫達瑪仁欽阿闍黎的僧人前來謁見，這位僧人並不贊成宗喀巴的新教派主張，意欲前來質問、辯論。沒想到，等他見了宗喀巴，聽大師講說經法之後，原有的思

想消除殆盡，不禁肅然起敬，當即表示願意做大師的隨身弟子。

達瑪仁欽後來追隨宗喀巴，成為他的大弟子，並在宗喀巴圓寂後，繼承了格魯派教主法位。

宗喀巴名聲逐漸顯赫，格魯派也越來越受人們重視。這時，明永樂帝朱棣登基，他特地派大臣四人，隨員數百人，到西藏迎請宗喀巴來漢地講法。可是宗喀巴婉然辭謝，不肯前往。

漢臣們擔心回去無法交差，就請求宗喀巴派一上首弟子代表前往。宗喀巴經過思索，派遣大弟子釋迦智隨往進京。釋迦智到京後，朱棣十分隆重地歡迎他，封他為大慈法王。

後來，朱棣再次邀請宗喀巴進京，他依然沒有前往。他畢生都在苦學精修，為創建一套正確的佛學體系而努力。因此他不注重與政界交往，反而強調修行次第，要先顯後密，顯密並重。「提倡苦行」，僧人不結婚，戒殺生，禁飲酒，斷絕世俗交往等等。

經過宗喀巴的努力，終於矯正了舊派佛教的流弊，進而使得所創的格魯派至今為藏地第一大教派。如今，在西藏的寺廟中，普遍都供奉著宗喀巴及其弟子的佛像、唐卡，藏人對宗喀巴的尊敬，其地位僅次於釋迦牟尼佛。宗喀巴去世的日子，也成為西藏佛教中的一個節日，稱為「燃燈節」。每年到了藏曆十月二十五日晚上，人們會將燃著的燈放在窗臺上，以紀念宗喀巴大師的圓寂。

每日法語

如人修鵬塔，塔成彼人逝。雖逝經久遠，滅毒用猶存。隨修菩提行，圓成正覺塔。菩薩雖入滅，能成眾利益。　　——《菩薩入行論》

金剛上師

　　在西藏佛界，對於具有高德勝行、堪為世人典範者，尊稱之為金剛上師，又稱上師，藏語「喇嘛」。

　　藏民尤為重視金剛上師，日常生活中遇到種種事物，都會尊請他們做祈禱，而後行事。而出家修行者，在皈依佛法僧三寶之外，特別重視

對金剛上師的皈依，這稱之為四皈依。

在本幅唐卡中，為人們展示著名的海生金剛上師蓮花生的故事。蓮花生大師是藏密的開基祖師，亦是寧瑪派的傳承祖師，為阿彌陀佛、觀世音菩薩、釋迦牟尼如來等身口意三密之金剛化現。西藏歷史上把赤松德贊、蓮花生、寂護三人尊稱為「師君三尊」。

《文殊大幻網續》中說：「祥瑞佛陀蓮花生，持有遍知智能庫；此王還持大幻術，以及佛陀五種姓。」這一預言在西方鄔仗那國得以應驗。

鄔仗那國三面環海，西南方與羅剎地相鄰，其中有一座海島，島上生長著一株蓮花樹，樹上滿是五顏六色的花蕾。這株樹得到佛陀加持後，從極樂世界無量光佛心部的金色「啥」字中，射出一支金剛杵，正中樹上花蕾。

頓時，花蕾綻放，從中生出一個八歲左右、俱足相好、手持金剛杵和蓮花的娃娃。他生來能言，對著天空和海島的眾空行母宣講佛法。這時，恰好國王派遣使臣前來海島探取如意摩尼寶，這位使臣眼見蓮花中的娃娃，頓覺神妙，立即下拜，並將這件事回奏國王。

原來，國王因為沒有子嗣，才傾盡所有向三寶致供品，並派使臣探取摩尼寶。當他聽說蓮花中生出娃娃後，親自趕往海島，並拜見娃娃，收他為養子，帶回王宮，取名蓮花生，又名海生金剛。

蓮花生是一切如來佛語的主宰，無量光佛的化身。當他被迎請到王宮時，天上降下衣食、珠寶，如雨點一樣遍佈各處，滿足眾生需求。

蓮花生漸漸長大後，以佛教治理國家，並打算出家修行，可是國王拒絕了他的要求。為此，蓮花生想出一個主意，他趁玩耍時故意讓手中

的天杖脫手，砸死一位魔臣的兒子，並超渡了他。國王無法理解他的舉動，將他流放到寒林，讓他悔過。

　　這正中蓮花生的心意，他在寒林中苦行，先後接受空行母和上師灌頂，開始修行密宗，並降伏了海中的眾空行母，親見金剛亥母，得到加持。

　　此後，蓮花生前往金剛座，示現種種神通，自稱「自然佛陀」。可是他卻遭到了別人嘲諷，無人相信他。有一次，薩河爾國的大臣們將他推入火中焚燒。結果，他以神通將燃燒的油化成一片海，海中生出一株蓮花樹，自己盤坐於花之上。眾人見他如此神通，十分敬仰，紛紛加入佛門。

　　這幅唐卡中，蓮花生大師頭戴蓮花冠，手持金鋼猇，頂端有吉祥鳥羽毛。面露喜怒參半相，右手結忿怒降伏印、左手於臍前結禪定印托甘露骷髏。左臂彎夾住三毒首、三叉磚，從磚頭以降分別串住骷髏首、風乾首、剛去世的人首。三首代表貪、瞋、痴三毒，三叉磚寓儡伏三毒。

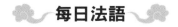

每日法語

　　未觸假設事，非能取事無。　　　　　　　　　　——《入行論》

蓮花生大師進藏

　　這是一幅描述蓮花山大師進藏弘法的唐卡。圖中大師頭戴僧帽，外披法衣，面色白裡透紅，神態文武兼備，右手當胸托顱缽，左手結說法印，身後放置軍持與錦囊。這一造像代表蓮師遠赴西藏講經說法、降伏苯教神魔的功德。在畫面上還繪製著桑耶寺、傳法場景等，集中反映了蓮花生大師建立桑耶寺、譯經傳法等四大事蹟。

西元七五〇年，在菩提寂護的建議下，藏王赤松德贊邀請蓮花生大師進藏傳播密教。蓮花生大師接受邀請，踏上進藏之旅。一路上，他遇到重重阻礙。

　　第一個阻擋蓮花生大師的是毒焰火龍。火龍欺身，蓮花生大師口誦「唵、嘛、呢、叭、咪、吽」密宗大明六字真言，迫使火龍身體縮小為五寸大小的蜥蜴，並皈依大師。

　　到了香波，蓮花生大師又遇到了白牛惡煞。白牛鼻孔裡呼著粗氣，使得天昏地暗，狂風裹著暴雨劈頭蓋臉而來。大師不慌不忙，鎮定自若地口誦密咒「箚吽旁烘」，頓時，白牛惡煞全身被繩索捆綁，跪伏在地，不能動彈。後來，牠心服口服，皈依大師聽命。

　　蓮花生大師遇到的第三個妖魔是化身老人的惡煞，它頭戴猴皮冠，目露兇光，使用邪術搬弄弓矢刀槍，一時箭如雨下，直逼大師。蓮花生大師見狀，搖身一變，成為忿怒金剛相，點化箭雨為萬朵天花，瞬間飄落四方。惡煞驚恐不已，不知所措，只好率領群鬼群妖皈依佛法，聽命大師。

　　降伏妖鬼後，蓮花生來到來到堆壟河和雅魯藏布江匯流的一個山谷中，約赤松德贊會晤。此地距離拉薩只有一日行程，可是，赤松德贊並未親自前來恭候，而是派遣大臣那布桑隆率領五百名士兵相迎。

　　那布桑隆就地舉行盛宴，不巧舉行宴會的地點離江邊很遠，取水很不方便。蓮花生大師不動聲色，用手對著附近山壁一指，頓時石壁龜裂，甘甜可口的泉水噴湧而出。那布桑隆忙命士兵們用泉水烹調佳餚、煮茶待客。

　　赤松德贊聽聞此事，大為驚訝，立即親自趕往雅魯藏布江邊迎接蓮

花生大師。

兩人見面後，蓮花生大師先開口說：「我倆雖然都是文殊菩薩的轉世化身，但我是蓮花生，你是胎生，我的境界比你高，你應該先敬我，這樣密教大法才能在藏土弘揚。」

赤松德贊不以為然：「我是九五之尊的一方之主，你不先敬我，我又能如何當得起天下臣民的表率？」

蓮花生大師不為所動，慨然講道：「我是三世如來化身，如果不應邀來藏土，我也能繼承王位，與你抗衡；我是以普渡眾生為重任，加上我有傳播佛教的種種功德，實在沒有理由先禮敬你；反過來你只是個蠻酋，迷戀酒色財氣，貪得無厭，我是為渡化你而來，並非為貪圖榮華富貴而來，你不先敬我，又要敬誰？」

赤松德贊聽了，一時不好回答蓮花生大師的詰問，又擔心這樣僵持下去，結果不好收拾，於是先向蓮花生大師打恭問候。不過，他心中依然不服，舉止十分隨便。

蓮花生大師面向赤松德贊拱手還禮。忽然，他的手中噴出火焰，直撲赤松德贊，燒壞了他的袍服。赤松德贊及其周圍隨從驚慌失色，這才明白蓮花生大師的法力無邊，紛紛對他行五體投地大禮。

從此，赤松德贊對蓮花生大師崇敬有加，隆重迎接蓮花生大師入藏。

每日法語

由一切諸法，自性皆是空，諸法是緣起，無等如來說。

——《七十空性論》

阿底峽尊者「上路弘法」

在藏傳佛教史上，有一段「上路弘法」的典故，這段典故的主角就是本幅唐卡的主尊阿底峽大師。

阿底峽大師本名月藏，漢名無極自在，出生在今孟加拉首都達卡附近的一個王族家庭。受當時習俗影響，他從小就在那爛陀寺學習佛法。此後他雲遊各地，鑽研密教教義。四十四歲時出任超戒寺首座（大上座），聲名極盛，與寶生寂、覺賢、阿縛、都底、波陀、勛毗波、寂賢等人一起被稱為超戒寺八賢。

　　阿底峽大師聲名在外，遠播西藏。當時，吐蕃王朝分裂，西藏先後出現多個大小王朝，其中位於藏西的古格王朝國王意希沃篤信佛教。他為了復興藏地佛教，不惜一切代價，甚至是自己的生命，做出過很多感人的事蹟。

　　意希沃十分敬仰阿底峽大師，渴望請他入藏弘法，為了派遣使者前往，他到處搜集黃金，甚至出兵噶洛國，意欲取得更多黃金。不幸的是，他兵敗被俘，成為噶洛國的階下囚。他的孫子絳曲沃見此，就將用來邀請阿底峽大師的黃金拿出來，到噶洛國去贖他，可是意希沃堅絕不從，他為法忘軀，對孫子說：「要以黃金去請阿底峽大師，不要贖我。」噶洛國見他如此固執，就把他殺了。

　　絳曲沃繼承王位，秉承祖志，繼續邀請阿底峽大師。一○四○年，阿底峽大師答應古格王朝的邀請，並動身前往西藏，於1042年到達古格。他受到了隆重歡迎，住在古格最大的托林寺內講經和翻譯經典。他第一個在藏族地區宣講《時輪經》，《時輪經》是一部包括無上瑜伽在內的密教大法，由於時間、地緣等關係，在其他佛教支派中沒有傳播。經過阿底峽大師宣講，《時輪經》逐漸在西藏傳播開來，後來得到空前發展，成為藏傳佛教各宗派推崇的最高密法理論。

　　除了講經和翻譯經典外，阿底峽大師還經常與絳曲沃交流佛法心得。他針對當時西藏佛教界的弊病提出很多意見，讓絳曲沃十分敬佩。後來，他將這些意見寫了一部《菩提道燈論》。這部著作在西藏佛教史上佔有重要地位，阿底峽因此而被後人推尊為「佛尊」。

　　在古格住了三年後，阿底峽大師起程準備返回印度超岩寺。沒想到，當他行至布讓一帶時，遇到來自衛藏的一夥人。這夥人的帶頭者叫

仲敦巴，他畢恭畢敬地對阿底峽說：「我們是專門迎請大師到衛藏傳法的。」原來，阿底峽在古格弘法的事蹟傳到衛藏，引起衛藏佛界極大興趣，所以派人前來相邀。

阿底峽接受邀請，跟隨仲敦巴等人來到了衛藏。衛藏是佛教聖地，到處林立高僧大師的弘法場地，隨處可見朝聖的信徒，這讓阿底峽十分高興，他先後到拉薩、葉巴、盆域、聶塘等地傳教收徒，影響甚大。佛事活動繁忙，阿底峽大師無暇考慮歸程，1054年，在衛藏住了近十年的他圓寂於拉薩西南的聶塘。

阿底峽圓寂後，他的弟子仲敦巴繼承師業，領眾修行並繼續弘法，1056年在熱振地方建起熱振寺，做為弘法據點，由此形成噶當派。阿底峽從古格到達衛藏，象徵著佛教復興勢力由阿里進入衛藏，這就是西藏佛教史上著名的「上路弘法」故事。

後人為紀念阿底峽大師，為他塑畫立像，一直流傳至今。在這些畫像中，他的形象十分慈祥，身著僧衣，頭戴通人冠，雙手當胸結說法印，右後方有金頂，左後方有經篋，雙足結跏趺坐於蓮花寶座中央，身後有圓形頭光、身光及祥雲、遠山，充分表達了人們對他的敬仰和崇拜之情。本唐卡中，中間者為尊者阿底峽，他的右前為弟子仲敦·傑瓦窮乃，左前弟子為鄂·勒巴協饒。

每日法語

若此觀察破一切生，顯示有為皆無生者，爾時彼等不應如幻，應以石女兒等而為量渡，然恐違犯無緣起過，故不順彼喻，令如幻等，不違緣起。

——《四百論釋》

大成就者帝洛巴

帝洛巴是位大成就者，藏密噶舉派祖師，關於他的故事廣為流傳。

他年輕的時候放棄國王之位出家修行，成為一名搗芝麻工人。「帝洛巴」，正是搗芝麻工人的意思。

有一天，他突然進入卓越的圓滿悉地，盤坐升入虛空，達到七棵椰子樹的高度，四周被虹光環繞。

這一神奇景象吸引鎮上所有的人，他們被這不可思議的現象所折服，紛紛伏地頂禮，獻上鮮花、妙香。當地國王聽到這一消息，也趕來禱告，並代表全國的人向他懺悔。因為在此之前，誰也沒有看出帝洛巴的殊勝，只不過把他當做貧困的搗芝麻工人對待。

這時，帝洛巴端坐虛空，緩緩誦唸偈語，開示大眾道：

「縱使傻子也知道芝麻油的確存於芝麻中，

這是芝麻的本質。

但若不瞭解緣起之煉，

則任誰也無法趨向此精要。

同樣地，

縱使眾生法爾本具根本智之真實心性，

但除非經上師引導，

否則依然無人能識。」

「正如芝麻油──芝麻之精華

透過搗磨去皮便能得到，

證悟本性獨一無二之關鍵，

也必須經上師以象徵性方式揭示才可。

如芝麻油般，

此本性在任何一處均無變異，

本性恆一！」

「克（唉欠）（口火）！

此義甚深難解，

當下卻鮮明清晰，

真是妙不可喻！」

　　從此，帝洛巴名聲鵲起，得到眾生追隨和供養。國王親自將他請回王宮，每天供養他五百金幣。可是帝洛巴不願意過這樣的生活，他脫下僧服，穿上補丁的衣服，趁著晚間來到甘孜瓦城市的屍陀林，在此住下

來，靠乞食生活。

　　後來，那洛巴大師得到空行母開示，來到此地拜見帝洛巴上師，以乞食供養上師。在這樣的環境下，帝洛巴禪修十年，清淨了一切污染，得到大手印的究竟證悟。此後他到天界接受天神供養，得到身、口、意的究竟成就。他授徒傳法，使無數弟子登上解脫道，利益無量眾生。

　　在帝洛巴的唐卡繪畫中，他幾乎裸著身子、繫禪定帶，手拿著一條魚。「魚」內涵的象徵意義代表六根與控制力，也就是以此外相形物的展現，祕密詮釋成就瑜伽行者帝洛巴對氣的駕馭能力。關於這條魚，還有一段動人的故事。

　　據說，那洛巴千辛萬苦見到帝洛巴時，後者正將網起的一條活魚生吞活嚥。那洛巴被這一場景震驚，心中生起萬分的反感及疑慮。此時帝洛巴開口說了一句：「什麼是生？什麼是死？」然後將吃下的魚吐出。奇怪的是，吐出的魚變得比先前更加活蹦亂跳。帝洛巴又說了一句：「死就是生，生就是死！」

　　剎那間，那洛巴得到非常大的加持及證悟，對帝洛巴俯首頂禮。帝洛巴不愧神奇上師，自在善巧地運用一切方便教導弟子，令他們明白，密教的成就悉地中，生起次第的成就僅能令生者趣死，圓滿次第的成就卻同時令死者轉生。

每日法語

　　無知睡擾諸外道，如其遍計妄計我，幻陽燄等諸遍計，此於世間亦非有。

——《入中論》

大手印成就者瑪爾巴

　　這是藏密噶舉派最著名的唐卡之一──《噶舉三根本》。圖中央是瑪爾巴大師，頂上為金剛總持，右上是帝洛巴，左上是那若巴祖師；右下方穿白衣者是米拉日巴，左下方是岡波巴，他們與瑪爾巴一起被尊為噶舉派西藏傳承三祖師。

191

從這幅唐卡中，我們可以清楚地瞭解到噶舉派的傳承始自於瑪爾巴。據《宗派源流》記載：「他初從卓彌學梵文，以後三赴天竺，四赴尼泊爾，參訪了班欽那諾巴、麥哲巴、吉譯智藏、大成就寂賢等大善知識一百零八人，盡學《集密》、《勝樂》、《喜金剛》、《摩訶摩耶》、《四座》等大瑜伽父續母續之講解、教授、實修等，悉數翻譯流布，依彌勒巴生起大手印的徹底證悟。」

在瑪爾巴跟隨那若巴修行其間，曾經發生過一個有名的故事。

有一天，瑪爾巴去附近的城裡遊歷，恰好遇到與他同來印度求法的老鄉聶譯師。兩人相見，格外激動，聶譯師問瑪爾巴：「你這段時間學了些什麼法？」

瑪爾巴回答：「我在那若巴上師處學到了喜金剛法。」

聶譯師便說：「今天我倆相逢，正好辯論一番。」

瑪爾巴接受挑戰，他們倆針鋒相對，開始了激烈辯論。瑪爾巴對喜金剛法十分精通，字字句句直中要害，聶譯師無法與他抗衡。辯論不利，聶譯師心裡不服，想了想以嘲諷的口氣對瑪爾巴說：「喜金剛法已在故鄉西藏很盛行，學它有什麼用？不是應該學屬於父續部的集密金剛，這才是在印度最為殊勝的密法，它的風脈效驗最靈，藉由此法，可以立即成佛。」

瑪爾巴從未學過集密金剛的法門，聽了這話，趕緊返回住處，祈請師父慈悲為懷，傳給自己集密金剛法。那若巴上師聽聞事情經過，對他說：「集密金剛是父續類的法門，此法的教主名叫益喜寧保（智藏），現住印度西方拉蓋夏棨寺圓月精舍內，你可以去那裡，向他求此法。」

瑪爾巴遵照恩師指引，來到益喜寧保住處，表達自己的迫切想法。

益喜寧保大師接受他的請求，傳授他集密金剛法。在學習過程中，益喜寧保大師察覺到瑪爾巴聰慧過人，品格堅毅，又先後教授他事續、行續和瑜伽三部的儀軌，以及全部實踐修練法。

瑪爾巴學有所成後回到西藏，在洛紮地方的卓窩壟為授徒傳法。其中最著名的弟子就是米拉日巴，他後來成為西藏家喻戶曉的大師，並培養一代大師岡波巴。在岡波巴努力下，瑪爾巴的學說得到傳揚，形成噶舉派。他的弟子很多，其中德松欽巴創建噶瑪噶舉派，成為藏區五大教派之一。

有意思的是，瑪爾巴身為一代宗師，一生都沒有出家，所以，在關於他的各種唐卡中，形象均為家居士。這幅唐卡中也可以看到，他頭髮散披，與其他大師形象迥異。

每日法語

　　若從緣生即無生，於彼非有生自性，若法仗緣說彼空，若了知空不放逸。

——《無熱惱請問經》

苦行僧米拉日巴

　　此幅唐卡取自於米拉日巴修行時為梅花鹿、獵狗、獵人講經說法的傳奇題材。

　　米拉日巴年輕時為了復仇曾經跟隨外道學習咒術，殺害了三十五位親友。這讓他陷入深深的懺悔之中。他追悔自己的罪惡，立下學習佛教

正法的誓願，尋訪到了瑪爾巴大師。

瑪爾巴大師瞭解他的經歷後，為了清除他的業障，讓他做苦力，並不斷嚴厲地折磨、屈辱他，讓他過著非人般的生活。

瑪爾巴大師曾經讓米拉日巴修建九層石屋，但是卻暗暗施加法力，讓石屋建一層，倒塌一層。屢建屢拆，進而磨練、激勵米拉日巴求法的堅定信念。在建造石屋過程中，瑪爾巴大師的妻子無我母不斷從中多方勸解，使米拉日巴安心學習。

經過數年的痛苦磨練，米拉日巴終於獲得瑪爾巴大師的信任，為他特地傳授了全部灌頂和修持教授，還為他授戒，使他掌握靜功各法。此後，米拉日巴遠離人跡，到石窟岩洞中修行，開始冥想的隱士生活。

米拉日巴將生命完全投入到修練佛法中，徹底捨棄了人世間的世俗生活及其各種貪慾，時日非常艱苦。有一段時間，米拉日巴在一個叫護馬白岩窟的洞中修練時，身邊除有少許乾糧外，沒有任何東西，他坐在一個又薄又小的墊子上，首先請求上師本尊加持，然後入定。時日一久，米拉日巴帶來的一點乾糧徹底吃完後，他不得不離開洞窟到野外去尋找野菜來充飢。

有一次，米拉日巴在山中找到一塊十分茂盛的野菜地，他極為興奮，就將修行地點移置到這塊野菜地附近，這樣一來，每當肚子餓了，就可抓一把野菜來充飢，然後又繼續修練。可想而知，這種缺衣少食的生活狀態下身體狀況必定很差，他由於缺乏營養，骨瘦如柴，面如菜色，身體十分虛弱，連毛髮都變成綠色的。據說，米拉日巴在山洞中修練時，經常嚇跑那些上山打獵的獵人，他們都聲稱山洞中有活鬼，後來有位膽子大的獵人到山洞中細看，才知道原來是一位苦行僧。

　　這位獵人受其感化，常常來到山洞中聽米拉日巴講法。時間一長，獵人深深懺悔自己殺生的罪孽，遂放棄弓箭，追隨米拉日巴修行。實際上，米拉日巴透過苦修，獲得無上成就後，沒有出山講經傳法，而是以道歌的形式啟發、救助有緣眾生。在這幅唐卡畫面中，可以看到米拉日巴深居山洞，袒露上身，著白色衣，雙足舒坐於獸皮上，在他四周，有諸多弟子，有手持彎弓的獵人，還有獵狗、梅花鹿，牠們趴在地上，神態安詳，全神貫注地傾聽佛法，全無殺戮氣息。整幅畫面給人和諧、優美之感。

　　米拉日巴一生沒有任何著作，人們將他傳唱的道歌予以整理，結集成為著名的《米拉日巴十萬歌集》。這一歌集成為後學的典範，激勵著無數後人堅持苦修，以此獲得成就。

每日法語

　　十方三世一切剎土，所有極微一一塵中，皆有一切世間極微塵數佛；一一佛所，皆有菩薩海會圍繞。　　——《大方廣佛華嚴經普賢行願品》

五明學者薩迦班智達

　　五明是指工巧明、因明、內明、聲明、醫方明，之下又分十小明。在佛界，精通五明是成為班智達的基本條件。所謂班智達，意思是「大學者」，本是古印度那爛陀寺的一個稱號。那爛陀寺是最著名的佛教寺院，前往學習者多達萬餘人，可是能夠獲得班智達稱號的人並不多。

　　在西藏佛教史上，第一位獲得班智達尊號的僧人薩班‧貢噶堅贊，

他並沒有去過印度，更沒有到過那爛陀寺。但他的名聲如此之響亮，不但傳遍了那爛陀寺，該寺還在大門上用梵文寫著他的祈禱文：「所知一切觀照目廣大，眾生妙善成就悲心者，無邊事業作行威權勢，文殊上師尊足恭禮敬。」正是這一原因，藏民尊敬地稱呼他「薩迦班智達」。

由於名聲顯赫，薩迦班智達受到很多外道嫉妒。一次，有位叫措傑嘎瓦的外道千里迢迢來到藏區，要與佛門弟子辯論，以示高低。他自恃神通，趾高氣昂地表示：誰贏得了辯論，那麼對方、包括他的信徒都要皈依贏者。

當時，藏區除了薩迦班智達，無人可以代表當地的高僧大德出來辯論。於是他挺身而出，與外道展開激烈辯論。按照約定，如果輸了，整個西藏都要放棄佛教，皈依外道信仰。因此，這場辯論格外引人注目。

結果，薩迦班智達不負眾望，擊敗對方外道，贏得了辯論。外道無奈，只好皈依佛法，成為薩迦班智達的弟子。從此以後，在藏傳佛教史上，再也沒有外道敢與佛教辯論，佛教在藏區得以弘揚廣大。

這一故事充分說明了薩迦班智達知識淵博，善於辯論，不愧「班智達」這一稱謂。也是這個原因，在薩迦班智達的唐卡繪畫中，他的形象也較為特殊。在本幅唐卡中，我們看到班智達側著身子，這是有學問高僧的畫法，表示要辯論；在他的手心、腳心分別畫有法輪，眉心有白毫，頭頂寶髻，表示他涅槃前修成三十二相、八十種好。在佛教繪畫中，只有釋迦牟尼、龍樹菩薩和薩迦班智達享有這種畫法。

還有一點令人注意之處，就是薩迦班智達的法帽是圓的，這與當時多數僧人的尖頂帽不同。為何會有如此區別呢？這其中也有原因。

當初，薩迦班智達的上師圓寂時，為了表示哀悼，薩迦班智達就將

自己帽子的尖頂剪掉了，結果成了圓頂形狀。此後，他一直戴著圓頂帽子，並將之傳承給弟子們。後來薩迦派哦巴傳承的祖師貢嘎桑波，把法帽長長的耳朵翻起來，代表智慧和方便，最後成為薩迦派獨特而有代表性的法帽。

薩迦班智達曾經覲見蒙古王爺闊端。當時，闊端懷疑他的神通，就請來很多大師試探他。有位魔術師用幻術在湖中央變出一個亭臺，裡面擺放一個用大藏經堆成的法座，法座外面用綢緞裹起來，讓薩迦班智達去開光。

大家一看就知道，如果薩迦沒有神通，自然不能進入亭臺，而是掉進湖裡；如果施展神通，那麼也不能坐在經文堆成的法座上。該怎麼做才能完成任務呢？就在眾人為薩迦著急時，他卻早就識破幻術，用法力將亭臺加持成寺院，這就是著名的幻化寺，現稱白塔寺。然後，他在眾人詫異的目光中直接坐到「經座」上。

當眾人打開那些經文時，看到裡面全是白紙，並無一字真言。就這樣，薩迦成功破除魔術，進而嚇得魔術師跪下祈禱。這時，薩迦口誦真經恢復大藏經，文字飛回到經書中。

闊端見此，生起無比信心，遂信奉佛法。

每日法語

一一佛所，皆現不可說不可說佛刹極微塵數身。一一身，遍禮不可說不可說佛刹及微塵數佛。虛空界盡，我禮乃盡，以虛空界不可盡故，我此禮敬無有窮盡。　　——《大方廣佛華嚴經普賢行願品》

最早活佛轉世都松欽巴

　　在西藏，一位修大威德瑜伽士十一歲的兒子忽然請求父親為他傳授吉祥天母法。父親甚為驚喜，為他傳授此法。兒子認真修行，親眼看到了吉祥天母現身，並見她征服魔鬼魯如的過程。這位少年就是本幅唐卡主尊都松欽巴，噶瑪噶舉派的開創者。

都松欽巴師從噶舉派三祖師之一──岡波巴，聆聽了《噶當道次第》，以及「方便道」和「拙火定」修法，選擇了苦修之法。據說，他連續精修九天九夜，獲得無上法力，渾身溫暖，在雪域高原上只穿一件單衣也不覺得冷。

　　都松欽巴堅持苦修，連續九個月內手中不離拂塵。他人對此深感驚訝，紛紛傳稱他是八百修士中最大修士，具有無量功德。

　　後來，岡波巴讓都松欽巴在山洞中精修。一大，忽然來了位女子對他說：「我的主母來了，叫你不要在此住。」

　　都松欽巴不為所動，抓著慈心、悲心、菩提心要扼而修，安住十四個月之久。他身上的暖火達到深度，眼前浮現許多稀有徵象，並生起殊勝定解。於是他返回崗波寺，向上師陳述自己的修悟通達。

　　然而，岡波巴對他說：「你其中有錯，我對你有大厚望，你再去修吧！」

　　都松欽巴回到山洞，又修了六個月，與前方無有變動，於是再次陳奏上師。

　　岡波巴手摩其頂說：「徒兒啊，這是斷絕生死輪迴的聯繫啊！」然後，傳授他認識如意摩尼心性教授，並對他說：「你將在俠烏達果獲得輪迴涅槃無別的證悟。你去那裡吧！」

　　都松欽巴離開崗波寺，帶了五升食鹽到了門隅王所轄嘎通地區，請求門隅王做施主，讓自己到俠烏達果住下來靜修。他果然實現老師的預言，獲得輪迴涅槃無別的證悟，進出岩石毫無阻礙，能夠洞悉前後世之事，因此被人稱都德松欽巴，意為「知三世者」。

　　此後，都松欽巴雲遊各地，大弘利益眾生事業。在西藏昌都類烏齊

附近的噶瑪地方興建了噶瑪丹薩寺，形成噶瑪噶舉派。在這幅唐卡中，都松欽巴身穿法衣，安然端坐蓮花法座上，頭戴黑帽，正是顯示他是噶瑪派黑帽系活佛的祖師。此唐卡畫風完全展現噶瑪噶舉畫派風格。

都松欽巴不忘上師恩德。有一次，他將七塊大松耳石、許多茶葉以及七十頭牛派人送往崗波，做為對恩師的供禮。當他聽說上師逝世的消息時，涕泣前往，在虛空中看到上師真實顯現，師徒相聚。從此，他安住崗波寺，做了廣大的積福結緣供養。又修建了楚普寺，與噶瑪丹薩寺並稱為噶瑪派上、下二寺。

每日法語

無力飲池河，詎能吞大海，不習小乘法，何能學大乘！

——《地藏十輪經》

黑帽活佛噶瑪拔希

　　西元一二五三年，忽必烈率軍南征雲南大理，途中路過藏區，親眼目睹佛教噶瑪噶舉派在當地的勢力及其影響，十分震撼，就召請噶瑪拔希到絨域色都相見。噶瑪拔希是當時噶瑪噶舉派的領袖，他在嘉絨會見忽必烈後，為忽必烈及其左右侍從傳授了發心儀軌，使他們皈依藏傳佛教。

　　忽必烈有心招募噶瑪拔希，希望他長期隨侍自己，但是噶瑪拔希不

願為他服務，婉言謝絕。此後，噶瑪拔希開始在內蒙、甘肅、寧夏等北方各地遊歷，傳教說法。幾年後，當他返回西藏時，忽然接到蒙古大汗蒙哥的詔書，於是他不得不去蒙古和林會見蒙哥。蒙哥非常尊崇噶瑪拔希，賜給他金印、白銀等許多貴重物品，同時還特地贈送他一頂金邊黑色帽子。後來，這頂帽子成為活佛傳承的標誌，並代代相傳。這幅唐卡中，噶瑪巴結跏趺坐，雙手自然垂放，頭頂上正是戴著一定金邊黑色法帽。

西元一二六○年，忽必烈和兄弟之間為爭奪大汗位而發動戰爭，他聽說噶瑪拔希與蒙哥的關係後，聯想當初自己被拒絕之事，心中懷恨，就把噶瑪拔希關入監獄，進行懲罰。

在獄中，噶瑪拔希遭受很多刑罰，被施行火燒、拋入水中、用兵器砍、餵毒、頭上釘鐵釘，而且他還被三班人員輪流看守，不准行動，七天不准進食。

儘管懲罰嚴酷，對噶瑪拔希卻毫無作用。噶瑪拔希在佛法修練上已取得很高的造詣，當他受刑時，有金剛亥母前來，四部智慧空行母從哈拉哈拉墳墓中取來婆羅門女兒的屍體，舉行會供。外界一切刑罰都經由四空行轉授到屍體之上，所以任何東西也不能夠損害噶瑪拔希。

噶瑪拔希不但沒有受到傷害，還在四年後被釋放了。因為當噶瑪拔希在獄中受罰時，天地為之所動，在蒙古降下狂風暴雨，使得瘟疫流行，迫使忽必烈和他的大臣們出現幻覺。這樣接連七天，他們害怕，後悔了，於是釋放噶瑪拔希，並且對他頂禮供養。

噶瑪拔希從獄中獲釋，獲得自由，沒有即時返回西藏，而是途經甘肅、青海、四川等藏族地區進行傳教弘法，直到十年後才返回西藏楚普

寺。從此，噶瑪拔希再也沒有離開楚普寺，他投入大量精力和物力，對楚普寺進行擴建，同時興建許多佛像和佛塔，以及用金銀汁書寫《甘珠爾》。

　　噶瑪拔希為噶瑪噶舉的進一步發展做了重要貢獻，是藏傳佛教史上第一位正式轉世的活佛，被認定為噶瑪噶舉黑帽系第二世（代）活佛。當噶瑪拔希臨終時，將法位依託給其弟子珠托・鄔堅巴，並留下遺囑：「從遠方拉堆，必出一繼承黑帽法統的人，在他未來之前，你當做為佛的代理。」於是將金邊黑帽加在鄔堅巴頭頂上，旋即示寂。

　　此後，每當舉行轉世活佛的坐床儀式以及主要佛事活動時，繼承這一傳承的活佛必須戴這頂黑帽，以此來顯示噶瑪噶舉黑帽系活佛的尊嚴。這就是噶瑪噶舉黑帽系名稱的由來及其形成。

每日法語

　　若未聞此菩薩法門，亦未聽聞聖調伏法，唯三摩地而得喜足，為驕慢轉墮增上慢，不能解脫生、老、病、死、愁、嘆、苦、憂及諸衰惱，不能解脫六道輪迴，不能解脫諸大苦蘊。　　　　——《菩薩藏經》

第二佛陀宗喀巴

　　這是一幅宗喀巴大師師徒三尊唐卡，主尊宗喀巴大師，頭戴黃色桃形尖頂僧帽，結跏趺坐於蓮花座上，雙手當胸結說法印。身邊各有一枝蓮花，右邊的蓮花中有一柄豎立的寶劍，左邊蓮花中有經書和摩尼寶。頂上有彌勒佛，兩側是阿底峽尊者和宗喀巴大師；下面有六臂瑪哈噶拉和閻王護法神。畫面繪工精細，內容豐富，充分描述了宗喀巴大師身為

第二佛陀的地位和影響力。

說起「第二佛陀」這一稱號，還要追溯到大師出生之前。

宗喀巴大師降生前，他的父親夢見一位大德，身穿莊嚴法衣，上面諸花遍佈，樹葉雜陳，他背負經卷，說：「我從中國五臺山來，向你借宿。」說完，逕自升到樓上佛堂。大師的父親見此，即說：「曼殊示化，我快要生子了，他可能是具有智慧的人？」

不久，大師的父親又做一夢，夢中見到金杵，光明顯要，進入大師母親的體內。金杵是金剛手菩薩所持，於是大師的父親即唸：「我當生子可能具有勢力？」

大師的母親也屢屢夢見奇異景象。有一次，她夢中見到一片平原，遍佈各種花卉，上千女子坐在其中。她本人也在其內就座，看見自東方來了一位白色童子，手執淨瓶；從西方來了一位紅色童女，右手持孔雀翎羽，左手執一大明鏡。童子、童女相遇後，童子一一指著在座的女子問：「這個可以嗎？這個可以嗎？」童女順著他的手所指，一一予以否認，並指出她們所犯的種種過失。後來，童子手指大師的母親，發出同樣的提問。童女歡喜滿臉，立即答道：「可以。」

童子聽了，告訴大師的母親：「既然可以，您當沐浴。」說完，將淨瓶中的水澆注她的頭頂，並口誦浴佛偈。大師的母親沐浴後，頓覺身體安樂，遠離污垢。等她醒來，發覺身體輕靈，心情愉悅。

除了大師的父母夢有異象外，他家的鄰居、親人也多有異夢，夢到諸多僧人從拉薩迎請佛祖尊像，安置到了他家中。而且，他們在白天常常看見三光同現，或天降妙花，或聽到虛空中妙樂聲響，或感到大地震動，種種稀有瑞相，人人共知。

到了大師降生之時，他母親看到很多僧眾手持供具隨侍左右，問：「供堂何在？」

不等大師母親回答，卻見那位夢中出現的白衣童子來到，他答：「供堂在此。」說著，他從大師母親的胸中開啟一小窗，從中取出金身，這時那位紅衣童女也出現了，她用瓶水為金身沐浴，以雀羽為他擦拭，並誦唸梵語讚詠供養者。

此時，明星出現空中，大師安然降生。臍帶截斷時，滴血於地，此後此地生長一株白栴檀樹，樹葉上出現獅吼佛形像。人們感念於此，在此修建寺院，紀念敬仰大師。

大師俱足瑞相，世人見之非常歡悅，都說：「這個孩子如果不是佛，必是大地菩薩為了利益眾生，才轉世此間。」

大師的種種奇異之跡引起附近喇嘛敦珠仁欽注意，他找到宗喀巴的父親，施捨給他好多牛、羊，安排他去朝見遊戲金剛乳必多傑。乳必多傑是噶瑪噶舉派第四世活佛，應元順帝之請進京，途徑青海夏宗寺時，暫居於此傳法修行。

是年大師剛剛三歲，在父親帶領下來到夏宗寺。乳必多傑早已預知聖童到來，見面後十分高興，給他授了居士戒，並命名為「普喜藏」。乳比多傑說：「這個孩子將成為第二佛陀，再現於此世。」

每日法語

如我所說，無量聲聞菩薩如來，有無量種勝三摩地，當知一切皆此所攝。
——《解深密經》

鐵橋活佛湯東傑布

　　湯東布傑被稱作鐵橋活佛，他主導修建了拉薩、尼木河上第一座鐵橋，方便人們的生活。

　　湯東布傑年輕時做過生意，由於虧了本遭到父親斥責，從此削髮為僧。他牽著兩隻山羊來到踏巴林的山洞中精修，除了羊奶，什麼也不吃

不喝。山羊每年產下兩隻小羊，乳汁四季不斷。

在山洞中修行六年時，有一天湯東布傑聽到虛空傳來一個聲音：「旺久如巴正在印度更美瑞巴墓地傳授密宗法典，你快去聽一聽吧！」

湯東布傑飛出山洞，趕往墓地。那裡陳屍遍地，野獸出沒，十分駭人。他不為所懼，心情平靜，靜靜觀望，看到一棵檀香木樹蔭下坐著旺久如巴。頓時，檀香木散發香氣，驅逐了野獸。旺久如巴端坐在羚羊皮上，身邊圍著諸多勇士、空行母。

湯東布傑來到旺久如巴近前，不停地施禮，並獻上自己用意念變成的貢品。旺久如巴賜給他一顆骨甘露，他接過來一飲而盡。於是旺久如巴傳授他獲得道果的祕訣，並送給他不死之食。湯東布傑修成了行走自如，所向無阻。

有一次，湯東布傑前往衛藏途中，坐在一塊岩石上休息時，有八位人首龍身的人、一位三眼黑人、一位牽著大蠍子的婦人，還有一位牽著牛、騎著馬的人出現眼前，他們是當地山神和龍，對他說：「以後你要想修建佛塔、寺廟、鐵橋，我們會全力支持你。」

湯東布傑大喜，他雲遊各地，深感衛藏地域遼闊，交通極不方便，早就有心修建一座鐵橋。於是動用法力，集合人眾、山神、龍，在拉薩河上修建了第一座鐵索橋。然後，他想接著修橋，可是河流諸多，先在哪條河上修建好呢？他經過思索，站在拉薩鐵索橋上，向著後藏方向射出兩支箭。第一支射到了尼木河，第二支射到了曲日山。

不久，第一支箭被尼木人撿到，並送了回來。湯東傑布歡喜地想，這是佛開示我，在尼木修建鐵索橋，必是吉兆。

第二年，他帶弟子來到了尼木。一開始，當地喇嘛反對他們修橋，

極力製造事端。湯東傑布以佛法開示，說服了他們。當地俗眾也踴躍支持，派遣鐵匠和工人。湯東傑布身體力行，親自幫著鐵匠鼓著皮風箱、掄大錘，鼓勵諸人幹勁。

幾個月後，尼木河上架起了一座像鐵龍一般的索橋。為了保護鐵橋，人們在橋欄上扯掛了一些羊毛和布條，鐵鏈上塗抹酥油。為了紀念和緬懷湯東布傑，人們在各地寺廟為他塑像作畫，描繪他一生做善事的業績。在這幅布製繪畫唐卡中，湯東傑布白鬚白眉、神態安詳、和藹可親、手持八節鐵索，正是紀念他修橋的事蹟。

湯東傑布雖然成就很高，但是行為怪誕，因此一直受到正統排斥。然而，藏民卻深深懷念他的功績，並根據他修橋的故事演變成藏戲，為此，湯東傑布也是藏戲祖師。

每日法語

願我在今生和後世之中，成就二身的方便，久暫之因資糧的積集不要太劣。若我俱足引導自他有情沿著妙道前進的慧眼，追蹤智者與成就者的足跡，這該有多美。　　　　　　　　　　──宗喀巴《三主要道》

大慈法王

釋迦益西本來是負責宗喀巴大師膳食的弟子，他先天智慧而通曉，強聞博記。宗喀巴大師在沙拉寺精修時，他服侍左右，聽聞大師所說的一切法，進而不但領悟佛法精深，已現慧瓶滿注之相。他外呈慈悲憐憫，出家人之風範，內行密集不動生圓二次第，被宗喀巴大師稱為「辯才無礙」的八大弟子之一。

不久，明朝永樂皇帝派使臣迎請宗喀巴進京講法。宗喀巴考慮到自己年邁，也不肯為此遠行，就從眾多學政兼備的弟子中遴選人才，最後選中了釋迦益西。釋迦益西代表上師赴京，到達京城時，恰逢永樂皇帝身染重病。釋迦益西學識淵博，隨即設法為其醫治，將帶來準備進貢的寺院祖傳佛賜類似佛手的東西讓皇帝服下，並予以長壽灌頂。頓時，長壽丸放射光芒，照射宮殿四周，亮如白晝。虛空中妙音響起，殊勝無比。

皇帝見此奇觀，十分驚喜，內心生起信心。沒過幾天，皇帝的疾病就痊癒了。當朝君臣虔誠信奉，都認為是法雨普降，佛法無邊。

釋迦益西醫好帝病，名聲大振，永樂皇帝親自帶領大臣和親眷們供奉大師，賜給他嵌有金銀珠寶的寶座、案杌、腳臺、坐墊等無數物品。並賜給他有黃金輪的印，敕封釋迦益西為「萬行妙明真如上勝法淨般若弘照普應輔國顯教至善大慈法王」，簡稱大慈法王。

此後，釋迦益西多次為皇帝和大臣等人講說佛法。他在五臺山興建了六座大寺院，並在京城附近興建了法源寺，傳播了格魯派的教法。

而且，釋迦益西還按照皇帝旨意，對密集、喜金剛、勝樂、時輪、大威德四十九尊、藥師佛等的壇城做了完整的修供，被皇帝尊奉為上師，賜給封誥和無數禮品，還賜給一套在漢地刻印的藏文大藏經《甘珠爾》。這套大藏經為硃砂本，封面用金字書寫，十分珍奇。

後來，釋迦益西返回西藏時，皇帝專門派遣使臣護送他。他回到西藏，立即來到上師宗喀巴處，獻上皇帝欽賜的珍貴禮物，祈願上師健康長壽。

值得一提的是，釋迦益西不僅得到永樂皇帝尊敬，後世幾位皇帝也

十分尊敬他，所以，他連續擔任永樂、洪熙、宣德、正統四位皇帝的上師，這在佛教史上堪稱美談。

釋迦益西做為第一世大慈法王，開創了格魯派法王體系。從此，此派教主多次受當時皇帝敕封，傳至今日，已有十一世大慈法王。

每日法語

百寶藏中湧出的法音，能奪走有寂中所有的善譽。於所知處無所畏懼的勇士，注視著標準顯密妙典的虛空，搭起瞻部洲智者宗規正理之箭，射穿倒說者的心臟。死死抱住貪愛三有之樂，那是究竟安樂的劊子手，喬裝改扮成我的密友，我何時能夠徹底拋棄現世的經營，讓我的餘生具有意義？

——宗喀巴《三主要道》

大寶法王德銀協巴

　　這幅唐卡中的主尊德銀協巴，意為「如來」，職稱大寶法王，他出生在娘波艾拉梁一戶佛教徒家中，在他剛滿兩個月的時候，堪欽閣倫巴前來探望，當他們相見時，嬰兒表現出許多歡悅的姿態。這讓在場諸人深感驚訝，無不認為嬰兒與佛法有緣。

　　果如人們所料，德銀協巴顯示出超人的智慧和慈悲心懷，四歲跟隨法王喀覺巴聞習《金剛灌頂》、《六法》、《大手印》、《六支瑜伽》

等教法。七歲時從工布孜拉崗寺的堪欽索南桑波和軌范師堪欽雲洛瓦出家為僧，被命名為曲華桑布，意為法吉祥賢。

十八歲時，德銀協巴前往多康類烏齊一帶傳教，得到貢覺大長官峨賽南喀的盛大供養，聲名大振。有一次，青巴的軍隊侵略貢覺地區，燒殺掠奪，造成很大災難。人民對此十分恐慌，卻無能為力，德銀協巴挺身而出，獨自一人前去請求發下消除這次亂事的上諭文書，成功地制止了這場兵燹之苦，給當地百姓帶來和平和安寧。

明成祖朱棣得聞大師聲名，派宦官侯顯與和尚智光專程赴藏召請德銀協巴。德銀協巴在拉薩和楚普接受了金冊使者的啟請和皇帝詔書，於西元一四〇六年經過長途跋涉後，抵達了京城。

明成祖在華蓋殿設宴招待德銀協巴一行，並請他為亡父母建普渡大齋，為他們薦福。

第一天，當明成祖以僧袍供養德銀協巴和僧眾時，虛空中化現一座寺廟；第二天，空中出現彩虹，形狀如缽盂，其後的雲層重重疊疊，形象酷似阿羅漢。這些景象讓明成祖甚為敬服，崇禮有加。

虛空景象天天變幻，越發神奇。第九天，人們看到一位老僧從空中飛躍，消失在寺院門口。第十四天，儀式結束的日子到了，一群白鶴出現空中，吉祥舞蹈，一時間，佛祖本尊、迦葉、大象、佛塔等形象出現雲中。

明成祖對此敬信不已，賜給德銀協巴「如來」的名號，全稱為「萬行俱足十方最勝因覺妙智慧善普應佑國演教如來大寶法王西天大善自在佛領天下釋教」，簡稱「大寶法王」。還授予他玉印，大銀翹寶七百顆。並打算讓他控制藏區，授予他僧俗官職。可是德行協巴保持著先世

風範,致力於弘法利生,對政事漠不關心。

後來,明成祖又打算讓一切教派改為噶瑪噶舉派,同屬德銀協巴管制。德銀協巴予以否決,他說:「一種教派難以調教眾生,只有按各自教派的傳規接引不同的眾生,才行得通。」明成祖遂放棄了這一想法。

德銀協巴一心弘法,兩年後辭歸西藏,沿途他遊歷教化,聽法僧俗官民,不計其數。

當德銀協巴回到西藏時,受到了薩迦、直貢、達隆等地方僧俗領袖的歡迎和供養,宗喀巴大師也送來禮品。德銀協巴回贈禮物,並將獲得的鉅額財寶佈施給他人,這些人既有佛界人士、大小官員,更有一般老百姓。他不分貴賤,一一饋贈,毫不保留。他平等地對待每一位人,與眾人互相會晤,做摩頂賜福,受到時人極高評價。

德銀協巴三十二歲時突然發病,不治身亡。從這幅唐卡中可以看出,法王十分年輕,容貌慈悲。臨終前,他一無所求,只是吩咐侍寢人員好好保護各類經書、佛像,不可失散,一代宗師就這樣離開人世。

每日法語

因時若有果,食成啖不淨;復應以布值,購穿棉花種。謂愚不見此,然智所立言,世間亦應知。何故不見果?世見若非量,所見應失真。
　　　　　　　　　　　　　　　　　　——《入菩薩行論》

不動金剛彌覺多傑

　　噶瑪・彌覺多傑，意為「不動金剛」，是噶瑪噶舉黑帽系第八世活佛。他在位期間，為佛教在雲南麗江地區的最初傳播做出了貢獻。

　　彌覺多傑少小有志，掌握了深奧的佛學經典，開始到多康各地邊學習邊傳教。這種經歷讓他聲名遠播，傳到雲南麗江王沐天王那裡。

西元一五一六年，麗江王沐天王邀請年僅九歲的彌覺多傑到雲南講授噶瑪噶舉教法。彌覺多傑接受邀請，不辭辛苦來到麗江。沐天王十分高興，下令舉行盛大的歡迎儀式。他親自乘坐車轎，其叔父和弟弟騎著大象，率領多名騎士浩浩蕩蕩迎出城外。在歡迎的隊伍中，還準備了一頭盛裝大象，供彌覺多傑騎坐。

　　彌覺多傑騎上大象，在華蓋和寶幢遮蔽下，在萬人歡呼的熱情中，進入王宮，得到極其崇敬的待遇。沐天王與他一番交談，甚是滿意，答應在十三年中向藏區派兵，並每年派僧差五百名，建寺廟百座。

　　彌覺多傑在麗江住了七天，答應七年後再來，然後和隨行者返回。從此，沐天王的部落開始信奉噶瑪噶舉，並在雲南傳播開來。沐天王一生敬信噶瑪噶舉，當黑帽系賈察活佛圓寂時，他對噶瑪噶舉派的每一名僧人各佈施黃金一錢；以黃金五百錢、黃銅十馱造靈塔；以黃銅三十馱、黃金一千錢造釋迦像上部之金頂，贈茶葉百箱。

　　再說彌覺多傑，在回藏途中，他在甘孜境內雅江渡口等地再次遇到鄧柯之大成就者桑傑年熱，後者為他授予沙彌戒，並讓他在鄧柯繹曲林寺聽習佛法，聞習灌頂傳經。

　　三年後，彌覺多傑到達工布，門區土司為他獻予了一頂純金蓮花帽。在那裡，他繼續遵從名師學習，還調解教派之爭，直到三十一歲才回到楚普寺。

每日法語

　　能得吉祥金剛心地因，次第頂禮上師蓮座下；拜師無數根本清經內，重點少集說此應禮聽。　　　　　　　　　——《上師五十誦》

吉美林巴化身多欽哲

　　過去數世紀以來，藏傳佛教裡最偉大的密宗大師非多欽哲・益西多傑莫屬。多欽哲是吉美林巴的化身，他以無與倫比的神通顯現了他證悟之意的功能妙用。多欽哲後半生的大部時間是在康定附近度過，因此他被稱為多地之欽哲。欽哲的意思是「具有智慧與慈悲者」，它是多欽哲前世吉美林巴（智悲光）尊者眾多名號之一。本幅唐卡中的主尊正是吉

美林巴，他舒坐蓮臺，身後有幾位佛子正在戲耍，表現出濃郁的情趣。

多欽哲生於一個月圓日的黎明時分，一出生便結跏趺而坐，觸摸著射入帳篷的晨光，吟唱了梵文字母。

出生第三天，多欽哲從母親的襁褓中神祕消失；三天後，卻又在枕頭上重新出現。這段神奇的經歷深深地印刻在他的大腦中，長大成人後，他回顧那時的情景，曾經寫道：那期間一紅色女子帶他到了淨土。在一處水晶宮殿，許多上師和空行用一水晶寶瓶中的水為他沐浴淨化。他們為他加持和授記。從此，他總能看到自己身邊有被光束和光環圍繞著的諸佛；他總感到身邊有一、兩個小孩可以一起玩耍。

有一天，在兩個隱身小孩的攙扶下他站立起來，透過天空，他看到了蓮花生大士的淨土——銅色吉祥山。在淨土中，蓮師和諸持明勇士、空行正在愉悅地薈供。見到此景，他的心裡充滿了虔誠的感動，淚水充滿眼眶。

就在這時，他的母親看到他站立著，眼中含淚，大聲嚷道：「寶寶站起來了！」喊聲將他從幻境中喚醒，他跌倒在地。

多欽哲與常人不同，他總是出現一些幻覺，這讓他也無法克制自己。

他的父母過著游牧生活，經常搬家。每當這個時候，多欽哲眼前就會出現形形色色的眾多人傷心地送別他，也見到其他各色人歡愉地歡迎他來到他們所在的新地方。他清楚地感覺到，護法神守衛著他，為他清潔、餵食，給他加持。

有一天，多欽哲忽然看到一個自稱是釀·尼瑪沃瑟的密宗瑜伽士，瑜伽士讓他去找尋桑吉林巴重返人間的化身——喇嘛索南秋登。於是，

他將這件事告訴父母，並央求他們帶他到喇嘛索南秋登那裡，否則他會夭折。但是，無人知道索南秋登是誰，他的父母更不清楚。

恰在此時，第一世多珠千在附近一地訪問講法，多欽哲的父親聞訊後，趕去向多珠千稟告他兒子的事情，並問道：「您知道喇嘛索南秋登是誰嗎？」多珠千凝視虛空片刻，然後恭敬合掌當胸，說道：「是的，我很瞭解他。他是我的一個道友。無論如何，我會盡快來看望你的兒子。」

多珠千來到多欽哲家中，問他：「你認識我嗎？」多欽哲不過一歲出頭，他看到多珠千，立即說：「是的，你就是索南秋登。我認識你。你不要我了嗎？」多珠千抱起多欽哲摟在懷裡，含著淚說道：「是的，你是對的。我可以理解你為什麼會有那樣的感覺。但直到現在我才找到你。現在起我將照顧你。」多珠千唸了祈禱文，賜予孩童加持，並告訴他父母：「索南秋登是我過去的名號，但除了一位上師以外，其他人都不知道。現在你們都必須到我的地方來；否則你們的兒子將活不長久。」

從此，多欽哲跟隨多珠千，開始了佛學之路，並最終成長為一代宗師。

每日法語

此中若修小苦為先，則於大苦及極大苦而能串習。譬如一切有情由串習力，於諸苦上妄起樂想。如是若於一切苦上，安住樂想而漸串習，則亦能住安樂之想。

——《集學論》

第一位女密宗大師瑪久拉珍

　　瑪久拉珍是藏密史上一位著名的女密宗大師，從小表現出非凡的智慧，對般若經義有著不同尋常的理解。故被時人譽稱為「希熱仲美」，即「智慧明炬」。她十六歲時，在姐姐頓措仁青奔陪同下，來到約日箭唐寺師從一位叫鵝西堅的喇嘛，主攻般若經，前後修習了《十萬般

223

若》、《二萬般若》、《般若八千頌》等。之後，她受到諸位大師的密宗灌頂。

　　瑪久拉珍二十三歲時，印度班智達巴箌亞來藏傳教，他是位密宗大師，十分欣賞瑪久拉珍的學識和修養。瑪久拉珍跟隨他研習佛法，在這一過程中，由於因緣業力牽引，這對佛教師徒產生愛慕之情，最終結為夫妻，並生有二子一女。

　　然而，瑪久拉珍很快發現，家庭生活並非自己的追求和目的。她多次對巴箌亞說：「我希望今生能獲得智慧，而世俗生活成為修行的障礙。」最終，她與丈夫離異，徹底脫離家庭，再次剃渡出家，削髮為尼。

　　瑪久拉珍離開家庭後，遊歷一百零八座雪山，苦行修持。她依止帕·丹巴桑傑，遵循覺域派思想體系進行修行，物質生活極其簡樸，而精神上卻要承受很多。每當夜晚來臨，她就坐在寒氣逼人的曠野中，用意念將自己的身體撕成碎片，用來佈施天葬臺的餓鬼和四處遊蕩的惡魔。魔鬼們享用著新鮮的血液和骨肉，吃飽喝足，歡喜離去。這時，瑪久拉珍再用意念恢復身體原形。

　　修行實在太苦怖了，不少修行者因此受驚而亡。而瑪久拉珍堅持下來，她在孤獨和冥想中用奧祕大法進行自我淨化，充分體會到有形物質的非永存性，以及永存的虛無特性。她獲得了解脫，不僅研習了覺域派思想體系，還得到了獨特的見解，形成自己獨特的密宗修練方法，前來求救的信徒絡繹不絕。

　　於是，三十七歲的瑪久拉珍以桑日卡瑪爾的修行洞為根本道場，廣收門徒，傳授自己獨闢蹊徑體悟到的佛教學說和別具特色的密宗修練方

法，創立了獨樹一幟的女傳覺域派。女傳覺域派後來傳到印度、尼泊爾及中原各地。

瑪久拉珍培養了無數弟子，她的長子陀巴桑智後來成為她的得意門徒。瑪久拉珍的弟子遍及整個藏區，特別是她培養了大批尼僧。被人們親切地稱作「尊母」。

瑪久拉珍被後人奉為智慧空行母的化身加以崇拜，在藏區的很多寺廟中，可以見到這位傑出女性的塑像、唐卡等，她在藏傳佛教史上享有舉足輕重的地位。

每日法語

誰有諸煩惱，獨本謂懈怠，若有一懈怠，此無一切法。

——《念住經》

米拉日巴開示弟子

　　米拉日巴派遣弟子日瓊巴前往印度祈請祕訣。當日瓊巴將所獲得的
典籍捆集成冊，向藏地返回時，米拉日巴大師坐禪觀想，瞧見日瓊巴返
回的身影，並看到尼泊爾尼吉隆地方的山溝裡燃燒著一大堆烈火。他
想，我已具備了極大的生起次第法力。我要去迎接他。

米拉日巴與日瓊巴師徒在白莫白塘相逢。日瓊巴由於拜謁了印度諸佛獲得了無量佛訣，遂生傲慢之心，心想，上師應該首先向我贊見之禮吧！他的這種想法一經產生，立即被上師知道得一清二楚。

於是，米拉日巴上師坐在一塊大石上，對著日瓊巴說：「我常常聽取印度諸成就者的佛法。去印度求法，並不足為奇，你趕快到我面前行禮吧！」

日瓊巴只好趨前行禮，師徒修好如常。不過，當他看到米拉日巴身著粗布衣裳，頭髮蓬亂無序，腳下膿瘡流血，一副佝僂老翁形象時，心底不由得升起一股疑問：上師究竟是人，還是咒士？看他這副模樣，真像一位持咒者啊！不料他的心思又被上師獲悉。米拉日巴頓時想到，日瓊巴這次去印度求法，法心受到了失損，必須施法予以調伏，才能恢復清淨心境。因此，他動用法力，從虛空中取得一隻牛角，要求日瓊巴背負身上。

日瓊巴困惑：「要牛角幹嘛？」

「揹上吧！會有用的。」上師回答。

日瓊巴只得背負牛角，與上師繼續前行。他們來到一塊平壩中間時，忽然烏雲密佈，狂風驟起，暴雨傾盆，冰雹劈頭蓋臉砸落下來。頓時，山川被淹，危及生命。這時，米拉日巴吩咐日瓊巴：「取出牛角吧！」

日瓊巴將牛角呈遞上師。上師接過牛角後，沒有縮小身體，慢慢進入自然大小的牛角之內，並口誦偈語：「我得風心兩自由，憑藉譯師瑪巴恩，我的徒兒日瓊巴，與師同進牛角藏。牛角寬處為你留，不必遲疑濕布裝。」

日瓊巴聽明白上師的意思，慌忙將經典裝入懷中，鼓足全身氣力，打算鑽入角內躲避暴雨冰雹。可是他不能如願，無法進去。他不得不口唸「尊貴的上師」，不住祈禱，表白自己的懺悔之心。

就見冰雹立時消失了，烏雲散去，陽光普照，師徒兩人繼續前行。當他們來到古塘地方時，已是晚間，米拉日巴吩咐日瓊巴去取水，並說說：「日瓊巴，為了你的歸來，今晚我款待你一番，我來燒火。」

日瓊巴外出取水，卻見不到一點水的影子。他走出老遠，來到一條河邊。這裡有百匹野馬正帶領著千匹馬駒雲集，母馬守護河水，不讓其他生靈前來取飲。日瓊巴坐觀良久，才提水回去，卻看到米拉日巴身邊多了許多紙做的死魔，不由得驚問：「上師，你這是做什麼？」

米拉日巴回答：「徒兒啊，你難道沒有聽說嗎？舉一可反三，智者千慮必有一失。智慧明燈之法類，修習解脫諸教誨，既使飛往岩縫裡，祈禱不休會降臨。言辭能夠焚人心，惡咒斷送他人魂，修誦解脫用場小，去晤仙人護方神。」

日瓊巴聆聽此語，心內大愧，向上師坦誠了自己的諸多證果跡象，唱誦道歌，從此對上師更加敬信，追隨左右，再不生異心。

每日法語

雲何為思？令心造作意業，於善、不善、無記役心為業。

——《集論學》

德松欽巴教化單衣大師

德松欽巴安住崗波寺時，有位叫桑傑熱欽的僧人寫信問候並要求加
持。桑傑熱欽是雅隆人，童年時去帳幕，彩虹隨身，四大空行母隨後。
他九歲時跟隨桑日熱巴學法，終日只著一件單衣，因此被稱作單衣大
師。在他十五歲時，桑日熱巴不幸病重，他大哭：「我在這裡教授還沒

229

有全圓受得，而法王大師將要示寂。」桑日熱巴告訴他：「現在你去親近甲貢大師，無論如何你會安樂的。」說完，他圓寂而去。

桑傑熱欽秉尊師命，先後到各地拜訪名師請求傳法，掌握多種法門經文。當他給德松欽巴寫去信函後，想著只去拜見而不求法。德松欽巴預知他的心意，與他相見後對他說：「你是一位有智慧的小密士，可以做我的弟子。」

桑傑熱欽反問：「你都有什麼樣的弟子？」

德松欽巴說：「我有伯察達德哇和德穹桑傑等弟子，你可以到他們座前去。」

桑傑熱欽首先來到德穹桑傑處，德穹桑傑說：「你是一位有智慧的小密士，可以做我上師的弟子，你去伯察達德哇那裡去吧！」

桑傑熱欽又來到伯察達德哇修行的山洞，見到裡面臥著一隻大老虎，驚懼地逃回德穹桑傑處，說明情況。德穹桑傑說：「你再去吧！」

桑傑熱欽只好再次返回伯察達德哇修行的山洞，老虎不見了，只有一湖水。他繞著湖水行走，隨手撿拾小石子投擲湖中。而後，他又回到德穹桑傑處。

德穹桑傑沒有其他開示，仍然說了一句：「你再去吧！」

桑傑熱欽第三次來到山洞，看見一位大修士端坐那裡，懷裡放著他前次向湖中投擲的石子，對他說：「你是一位有智慧的小密士，可以做我上師的弟子。」

桑傑熱欽知道這就是伯察達德哇，想到徒弟都有如此法力神通，何況上師？於是他回到德松欽巴座前求法，並訂下七年頭不落枕的誓約。從此，他七年間終夜結跏趺坐休息或入定，從不臥倒睡覺，終於弄清諸

教授。

德松欽巴對桑傑熱欽格外看重，曾對他說：「我尋找而獲得前藏人你和甘丹巴，是兩大收穫。」

後來，桑傑熱欽到瑪康廣做利益眾生事業，多次親見諸師和大成就者以及本尊。從此，德松欽巴的佛法傳誦到前藏地區。

每日法語

若時見心俱無沉掉，於所緣境心正直住，爾時應當放緩功用，修習等捨如欲而住。

——《修次中編》

第五篇

關於藏密歷史的唐卡故事

王朝締造者松贊干布

　　這是一幅著名的歷史題材唐卡——《松贊干布畫傳》。描繪了松贊干布修建陵墓的場面，也有松贊干布的子孫三代贊普誕生的情況，以及七大力士各顯神通等內容。畫面上宮殿林立，人物眾多，畫工精細，可謂栩栩如生，再現了一代帝王創建吐蕃王朝的豐功偉績，也讓人們領略

到他與佛教源遠流長的密切關係。

　　松贊干布被認為是觀音化身，正是在他努力下，佛教才得以傳到西藏，並且廣為流傳，因此，他被尊稱法王。

　　據說，松贊干布出生時，在他濃密的烏髮間，長著一個阿彌陀佛的頭像。他的父王怕別人看見他具有異象而遭非議，就用一條紅綾帶把他頭頂上的阿彌陀佛像裹起來，到了晚上再為他解開。從畫面中可以看到他髮髻裡裹著阿彌陀佛像，這成為松贊干布畫像中的固定形式，俗稱雙頭王。

　　松贊干布統一吐蕃後，在拉薩的紅山上修建了布達拉宮，時稱紅山宮。當宮殿完工時，殿內放射出白色和綠色兩道光亮。他順著白光張望，看到了尼泊爾王的女兒赤尊公主。這時，虛空中有個聲音對他說：「若與赤尊公主成婚，吐蕃可以得到釋迦牟尼八歲等身不動金剛像，以及彌勒法輪像和各種佛法經文。」他順著綠光看去，又見到了唐太宗的女兒文成公主。那個聲音又對他說：「若與文成公主聯姻，吐蕃不僅可以得到做為陪嫁的釋迦牟尼十二歲等身金像，還可憑藉這尊佛像的加持神力，一字不漏地獲得漢唐的所有佛經。」

　　松贊干布與大臣們商議這件事。後來，他先後迎娶了赤尊公主和文成公主，果然得到了當初預言的一切，佛教從此進入了藏地。兩位公主不但帶來佛法經書，還各自修建了大、小昭寺，做為弘揚佛法的道場，使佛教慢慢成為西藏地區的精神之源。

　　時至今日，大昭寺依舊是藏傳佛教聖地。《柱間遺教》中說：凡樂善好施者，在大昭寺都會看到贊普松贊干布繪製、雕塑、鑄造以及天成的諸佛與菩薩廣遍利益吐蕃眾生的情形；而心地不善者，只能看到鑄

造、泥塑和繪製的諸佛與菩薩的造像、塑身和畫像而已；凡虔誠信佛且
不貪色慾者，如果繞大昭寺轉經七日，來生便可獲得不退轉菩薩果位；
凡一心向佛且不圖虛名者，若朝佛轉經，來生便可獲得無飾羅漢果位；
即便是僅僅拜佛一面，下輩子至少也可再獲寶貴的人身。

　　赤尊、文成二公主正是白綠度母的化身，她們由觀音悲淚化現，又
化身來到雪域高原，就是為了輔佐松贊干布普渡眾生。

　　松贊干布對佛教深為敬仰，先後修建了十二座寺院。有一次，他想
在布達拉山頂建一宮院，當他來到山頂時，看到天空現出「嗡嘛呢叭彌
吽」六字真言，放出五色燦爛的彩虹，並現出觀世音菩薩、馬頭金剛等
聖像。松贊干布非常歡喜，他看到從觀世音菩薩像上放出的光明照射在
六字真言上，光束交互輝映，蔚為奇觀。於是，他從尼泊爾請來匠人，
依照自然出現佛像的風姿，雕刻出觀音菩薩像，以及六字真言，並建造
了華麗的王宮。

每日法語

　　當我們罹患惡疾、遭受煎熬時，是利器之輪，迴轉到我們身上，惡
作還得自受。直到現在，我們總是傷害他人之身。自今以後，讓我們承
受他人的病苦。
　　　　　　　　　　　　　　　　　　　　　　　　　　——《利器之輪》

赤松德贊弘法

　　赤松德贊是藏傳佛教史上第二位法王。在這幅唐卡中，他頭戴方帽，眼簾低垂，神態嚴肅，身穿鑲虎皮邊的綠色衣，外著紅色僧服。整個畫面為綠、紅、藍、白彩繪制，色彩對比鮮明，內容豐富多彩，講述赤松德贊弘揚佛法，修建桑耶寺的事蹟。

赤松德贊在位期間，正是吐蕃王朝的全盛時期，也是佛教傳入西藏不久的階段。

有一天，赤松德贊突發其想，認為自己許多年來風風雨雨征戰南北，而今大業已成，總得做一件揚名天下的非凡大事。他召集群臣商議，提出了自己的三個想法：說要不就鑄造一口巨大無比的銅鍋，能裝下整個雅魯藏布江；要不就修建一座高聳入雲的玻璃寶塔，能望得見母親金城公主的家鄉長安；要不就籌集黃金，將雅隆地區全部鋪滿。

臣屬聽了赤松德贊的提議，議論紛紛，什麼提議都有，唯獨寂護大師提出不同見解，他上前獻策說：「修建吐蕃第一座寺院比起前面三種想法都更是一件對於自己、對於天下人都有益，而且功德無量、有口皆碑的大事。」赤松德贊覺得十分有理，便採納了寂護的意見，下令修建寺院。

修建工作遭到了地方勢力和妖魔鬼怪的嚴重阻撓，很不順利，剛修起的一牆半柱，第二天就化為烏有；剛挖開的地面，轉瞬間自動填平。寂護大師無力與阻撓勢力抗衡，束手無策，於是向赤松德贊推薦了蓮花生大師：「非得派使者將蓮花生大師請來，否則無法主持公道、弘揚佛法。」

赤松德贊再次聽取寂護大師的意見，派出使者前往天竺邀請蓮花生大師。

蓮花生大師一路降魔除怪，風塵僕僕來到了拉薩。他明白自己的使命後，即刻動用法力請來一大批鬼神幫忙，連夜開始修建寺院。第二天，赤松德贊看到寺院平地而起，極為驚喜，急忙命令寂護大師配合蓮花生大師的工作，動用人力白天修建。就這樣，一天一夜之間寺院建

成，取名「桑耶」寺。「桑耶」就是「沒有想到」的意思。桑耶寺以佛教理想世界的結構為設計的基本概念，以「壇城」（曼陀羅和曼荼）的形式出現，中央是一座大殿，象徵著高高聳起的須彌山，代表了世界的中心；周圍有四座神塔或其他輔助性建築，象徵著四大贍部洲；緊挨中心大殿的兩座寶塔象徵著日、月，它們圍繞著須彌山運轉不息的發光體，照耀著宇宙。最外層的院牆象徵著環繞宇宙的鐵圍山。

寺院竣工後，舉行了隆重的開光典禮。赤松德贊親率妃嬪、子女、文武百官和屬部首領，參加了此盛典，並在寺內舉行盟誓。他准許蓮花生大師弘揚大乘佛法尤其是無上密法，並先後迎請了布馬目荼等一百零八位智者入藏，讓貝若荼那等譯師將為數眾多的佛教經文從天竺文字翻譯成藏文。他本人對蓮花生大師尤為敬仰，在獲得到蓮花生大師的灌頂後，獲得了不動等持的悉地，成為了蓮花生大師的上首弟子。

赤松德贊重視佛教，除了建寺譯經外，先後兩次頒行興佛詔書，詔令吐蕃全民奉行佛法。從此，佛教在藏區得到弘揚發展。赤松德贊圓寂後多次在藏地轉世，示現為偉大的智者聖哲和掘藏師。

在藏族歷史上，赤松德贊與松贊干布、赤祖德贊並稱吐蕃三大法王。

每日法語

　　我於一切有情眾，視之尤勝如意寶，願成滿彼究竟利，恆常心懷珍愛情。

——《修心八頌》

七覺士與佛教前弘期

　　這幅描繪桑耶寺的唐卡，昭示了藏傳佛教前弘期的殊勝景觀。

　　西元八世紀，吐蕃王朝建成第一座正規寺院桑耶寺後，開始在藏族青年中選擇七名智慧而意志堅定的男孩，剃渡受戒，做為第一批藏族出家僧侶。這就是後來著名的七覺士。

七覺士中有位毗盧遮那，他到達印度後，時值佛教顯宗日趨衰落，而密宗日益興隆。毗盧遮那在印度大菩提寺跟隨一位密宗金剛乘大師學習金剛乘等許多密法，不久他便精通了密宗知識。印度人替他取名為毗盧遮那，意思是「遍照護」、「大光明」。

　　毗盧遮那是一位聰明敏慧並且具有語言天才、對佛教有虔誠信仰的人，從印度學成返回吐蕃後，他又想到漢地修習深造。對此，藏王赤松德贊並不贊成，他說：「可讓其他人到漢地去，我吐蕃地方翻譯密宗經典的人才奇缺，你還是翻譯佛經較好。」從此，毗盧遮那便在桑耶寺和其他譯師共同譯經。但是他的工作遇到了的阻撓，印度佛教顯宗學僧認為毗盧遮那傳授的金剛乘密法，不是佛教，而是邪說；而藏族傳統的苯波教徒及其代表勢力，則認為毗盧遮那所傳播的密教知識，將要對吐蕃王朝及其藏族人民帶來災難，必須對毗盧遮那定罪並處於死刑。

　　迫於壓力，藏王赤松德贊先是讓毗盧遮那的公開佛事活動轉入地下祕密進行，後來無奈之下採取李代桃僵的手段，從暗地裡抓來一名乞丐做為毗盧遮那的替身，在眾人面前處死。

　　可是，這件事情被王后蔡邦薩發現，她是反對毗盧遮那的王族代表人物。有一天，王后蔡邦薩設法避開藏王赤松德贊以及僕人們，將毗盧遮那大師單獨迎請到密宮之中，想用女人美色使他破戒，敗壞其多年修行所積的功德。面對誘惑，毗盧遮那毫不動心，他對世俗愛慾冷若冰霜，佛心堅定。

　　蔡邦薩不肯甘休，她極盡妖媚之色，糾纏不止。毗盧遮那眼見無法擺脫王后，心生一計，對蔡邦薩說：「外面宮門未關，恐下人看見不雅，我去關了宮門，再回來和妳相會如何？」

　　王后蔡邦薩以為毗盧遮那果真被自己的美色俘虜，就讓他前去。毗盧遮那不再停留，趁機潛逃而去。

　　王后無法降服毗盧遮那，勃然大怒，便到藏王赤松德贊面前告狀，說他調戲自己。赤松德贊半信半疑，不得不把毗盧遮那流放到康區。

　　後來，王后患病，無人可以醫治。這時，蓮花生大師為藏王指點方向，要他請回毗盧遮那。果然，毗盧遮那回來後治好了蔡邦薩王后的病。蔡邦薩王后十分感動，不再怪罪毗盧遮那，並且決心皈依佛門。

　　這樣一來，雖有苯波教勢力的反對，但在藏王赤松德贊和王后蔡邦薩的大力支持下，毗盧遮那終於可以專心致力於密宗經典的翻譯工作。

　　毗盧遮那一共翻譯了多部佛經，做為藏傳佛教史上最早正式出家的「七覺士」或「七試人」之一，他成為藏傳佛教「前弘期」初期的一位著名藏族密宗大師，在藏傳佛教特別在寧瑪派中享有盛名。

 **每日法語**

若法從因生，無因則非有，顯同影像性，何故而不許。 ——《出世贊》

朗達瑪滅佛

　　這幅唐卡描繪了朗達瑪消滅佛教，遭到暗殺身亡的故事。整幅畫面構圖並不複雜，卻表現了豐富的內容。

　　佛教進入藏區後，受到本地宗教——苯教抵制，雙方抗爭兩百年而不息。然而，在三大法王支持下，佛教還是得到較快發展，特別到了赤祖德贊時期，大興佛教，重用僧人執政，這引起貴族勢力強烈不滿。

　　赤祖德贊之後，他的兒子繼續弘揚佛法，帶領著王妃、臣子發誓，尊崇佛教，這更加大了與貴族之間的矛盾。在這種情況下，當赤祖德贊的孫子朗達瑪繼位後，一改前輩所為，極力反對佛教。

　　據說，朗達瑪是牛魔王下凡，嗜酒喜肉，凶悖少恩，自幼敵視佛

教。他本是赤祖德贊的第四個孫子，沒有繼位的權力，可是他的大哥臧瑪信奉佛法，放棄王位出家修行。而他的另外兩個哥哥先後病逝，於是朗達瑪成為繼承人。

西元八三八年，朗達瑪繼位，立即得到反對佛教的貴族們擁護。很快地，以朗達瑪為首的貴族集團廢除僧人參政制度，停建、封閉寺廟，查禁所有佛事活動。他們把佛像扔進河裡，將小昭寺當做牛圈，把文成公主說成是羅剎鬼轉世。寺內的壁畫被燒毀，重新畫上飲酒作樂的畫，寺廟成了屠宰場，僧人被迫拿弓箭去狩獵。

總之，朗達瑪針對佛教的佛、法、僧三寶摧毀佛教，對佛教造成沉重打擊，從此之後近百年間，成為藏傳佛教史上著名的「滅法期」。在唐卡畫面中，中央部分描繪了寺廟和僧人被毀滅、虐待的場景，左上方僧人正在被迫彎弓遠射。

朗達瑪的滅法運動深深震怒了佛界。西元八四二年，一位叫四吉多吉的僧人將他暗殺致死。關於這件事，藏史中有段生動的傳說。

當吉祥金剛山谷中修行時，一位空行母忽然出現在他眼前，對他說：「一直以來，你最能在藏區表現功德。如今朗達瑪以殘酷的手段滅絕佛教，你應該前去殺死非法者。我會陪伴著你的，你不要害怕。」說完，她身影消失。

吉祥金剛聽說朗達瑪滅佛的罪行後，生起大悲心，他想：如果不殺死朗達瑪，他會繼續作惡，加重罪行，將來在地獄中深受苦報。看來要想阻止他的罪行，只有將他殺死了。於是，他找到一匹白馬，用顏料將牠塗成黑色，自己穿上一件黑面白裡的外套，藏好弓箭，趕往布達拉宮。

恰好朗達瑪正在閱讀《甥舅聯盟碑》，吉祥金剛且舞且行，以奇妙的舞蹈戲法吸引朗達瑪注意，逐漸靠近他的身體。這時，他低頭行禮，一共低頭三次，第一次抽出弓箭，第二次張弓待發，第三次就見他口中誦道：「風環地、地環水、水滅火，金翅鳥勝水龍，金剛石穿寶石，天種制阿修羅，佛陀勝獅子王，我亦如期殺非法之王。」說完，他對準朗達瑪的胸膛，射出一支利箭。

朗達瑪應聲倒地，中箭身亡。從唐卡中可以看到，畫面左下方一匹黑馬，一位黑衣人正在張弓射向右方讀碑文的朗達瑪。

吉祥金剛連忙反穿外套，趁著混亂之際逃出王宮，當他路過一湖水時，將馬身上的黑色洗去。頓時，他變成一白衣騎著白馬的人，終於躲過追騎的耳目，到達安全地帶。

朗達瑪雖然死了，但是佛教沒有因此復興，而是繼續受到貴族特權階級打壓。他們藉著尋找殺死朗達瑪僧人的名義，在藏區展開大屠殺。僧人們無一倖免，佛教文化受到滅絕性打擊。

隨著佛教衰亡，吐蕃王朝也逐漸崩潰，導致西藏地區出現大分裂。

每日法語

言我是魔心，汝昔起是見，此行蘊皆空，此中無有情，如依諸支聚，假名說曰車，如是依諸蘊，說世俗有情。　　——《入中論釋》

盧梅復興佛教

　　布敦《佛教史》上說：衛藏佛教毀滅經七十年，後有盧梅等十人重
建佛教。十人到西藏時，有一位七十六歲老婦說，她六歲時曾見過僧
人。就依這個傳說，布敦說西藏佛教中斷了七十年。《布敦史》又說：
有人說中斷了一百零八年這一說法來自《青史》，據《青史》記載：

「從辛酉後經百零八年沒有佛教，至百零九年己酉才又有佛教」。

不管佛教曾經滅絕多少年，在滅佛期間，仍有不少人為了佛教事業而暗暗努力。這些人中有藏饒薩、鑰格迥、瑪釋迦牟尼。他們三人為了躲避追殺，滿載律藏典籍，經阿里繞新疆，逃往西康瑪壟潛修。還有迦勝光稱、絨敦獅子幢、拉壟吉祥金剛等，他們也各自攜帶所有經典，先後逃往西康。由此來看，滅佛時期的西康地區受到打擊較輕，尚有佛教徒存在。

這些人在西康授徒講經，其中藏饒薩的一位徒弟成就卓著，他叫格瓦饒薩，被尊稱貢巴饒薩，意為智慧廣大，也被稱為喇欽，即大師之意。他先後邀請西康壟塘等人，足受戒僧數，受比丘戒，組成五眾僧團。

以喇欽為首的五眾僧團成為西康地區佛教的希望，先後有不少人前來出家受戒，學習戒律和對法，獲得較高成就。喇勤弘法的名聲漸起，慢慢傳入西藏。此時的西藏，自從朗達瑪死後，吐蕃分裂，政局早已今非昔比。

原來，朗達瑪有兩個兒子，長子據前藏布茹，次子光護據鑰茹。光護的兒子吉祥輪有兩個兒子。長子吉祥積繼父位。次子日怙西據阿里；他有三個兒子，最小的名叫得祖滾住漾絨。得祖滾有兩個兒子：闊惹、松內。闊惹後傳位松內，出家名智光。

智光信奉佛法，曾迎請達摩波羅法護論師與慧護論師等到阿里傳比丘戒，從學比丘律儀。據布敦《佛教史》記載，他為了弘揚佛法，選派盧梅等十人趕赴西康學法。

西元九七八年，盧梅等人來到西康，此時藏饒薩已經年老不能授

徒，他便令自己的弟子喇欽為他們受戒。

由喇欽為首的五眾僧團成為盧梅等人的教師，給他們受比丘戒，並傳授經法。

不久，喇欽根據盧梅等人的法力特點，分別做了安排，其中九人返回康區、衛藏傳播東律，只留下盧梅一人繼續學法。

盧梅刻苦精進，熟記《毗奈耶》律藏。一年後，他學通戒律學，向喇欽提出自己的想法：「我要到衛藏各地去建寺院、傳東律，請上師賜給我一件供奉禮品吧！」

喇欽同意他的主張，贈給他一頂自己戴過邊緣鑲有金線的僧帽，說道：「戴上此帽，你就會想起我。」後來，盧梅回到衛藏後，因為當地氣候悶熱，就把後邊的帽沿疊起來戴，人們稱之為長尖帽。此後，盧梅等十人的門徒們都戴上這種帽子。

盧梅辭別上師返回西藏，不敢直接回到拉薩。神聖的拉薩，一度是人們嚮往的朝拜聖地，也是高僧大德們的法座傳承所在地。可是經過朗達瑪毀滅佛法，如今已是一片懲罪施刑的恐怖之地。盧梅考慮再三，覺得還不是在這裡傳播佛法的時候，只好轉道去桑耶，擔任了嘎曲寺寺主，開始收徒講經，主要講授《毗奈耶》。

這個時候，與盧梅一同去西康學法的師兄弟們，已有五人分別掌管了烏察、烏哲、格傑、桑康等寺院。他們講經說法，弘揚佛教，已經渡化許多人，漸漸在民眾中恢復了佛教信仰。

在師兄弟中，盧梅影響最大，門徒最多，他的門徒有四柱、八梁、三十三椽之說。有一天，盧梅與弟子們商議如何在康藏地區建寺弘法，提出修建自己根本寺院的主張。這一提議得到眾人回應，於是他們分頭

尋找地點和施主，開始創建寺院的行動。不久，在各地方勢力的資助下，在衛藏和康區各地建了第一批寺院。在這些寺院中，他們招收門徒，傳授戒律，重新點燃了佛教之火。

重建僧團，寺院樹立，使佛教得以恢復，並在不久的時間內，超過了朗達瑪滅佛前的規模。據記載，當時修建的寺院多達七十五處。無怪乎阿底峽尊者在阿里聞種敦巴述及盛況，急合掌讚嘆說：「如此興盛，必聖僧所建樹，絕不是凡夫所能做到的。」從此，佛教在西藏進入又一恢弘時期，史學家把這一期的佛教，對前弘期而言，名為「西藏後弘期佛教」。

每日法語

由心住定，乃能如實了知真實。 　　　　　　　——《正攝法經》

佛教「後弘期」

　　藏傳佛教後弘期，與上路弘法、下路弘法兩大事件密不可分。

　　上路弘法講述的是阿底峽尊者從印度遠赴古格王朝譯經弘法並進入

阿里地區弘法的故事。而下路弘法，指的正是佛教從西康地區重新傳入

衛藏並復興起來的過程。這一過程起自與盧梅同赴西康學法的洛敦・多

250

傑旺曲。

　洛敦‧多傑旺曲拜喇欽為師後，後者認為他法力廣大，可以守護佛法，最先將他派回後藏。洛敦‧多傑旺曲回到日喀則，在其東南的甲措建了一座寺廟，取名「堅孔」。在這裡，他為二十四位弟子剃渡，其中一名徒弟叫吉尊‧西繞瓊乃。

　吉尊‧西繞瓊乃深具佛緣，被智光選中，前去印度求學。在印度，他廣學佛法，成為知識淵博的佛學家，名聲大振。他為了發展佛教，回到後藏後，也想建立寺廟。

　這時，吉尊‧西繞瓊乃拜見上師洛敦‧多傑旺曲，請他選擇寺廟的地點。多傑旺曲想出一個主意，他手持彎弓，射箭選址。結果，箭落在一片剛剛長出莊稼的青苗田裡。就這樣，吉尊‧西繞瓊乃選擇了這塊地做為寺廟的地主。由於藏語中「夏魯」是「青苗」的意思，所以這座寺廟就叫「夏魯寺」。

　修建夏魯寺，成為藏傳佛教後弘期下路弘法的開端。此後，各地寺廟紛紛建立，僧人授徒傳法，事業猛進。特別在盧梅號召下，前藏也建立大量寺廟，與後藏相互呼應，他們弘傳戒律，重建僧珈，法門龍象輩出，教化之盛，遠乎前弘期。本幅唐卡中，寺廟林立，表現了後弘期殊勝的弘法場景。

　夏魯寺建立後，一開始出家僧人並不多。後來，此寺由萬戶長紮巴堅贊任住持，他以妹妹與當時權傾西藏的薩迦聯姻，進而使夏魯寺名震西藏。西元一三二〇年，紮巴堅贊將夏魯寺進行擴建，並迎請早已天享盛名的大譯師布敦‧仁欽擔任住持。布敦是著名佛教史——《布敦佛教史》的撰寫者，他使夏魯寺達到鼎盛時期，僧人雲集，聽經學法者多達

三千八百人，形成了歷史上所稱的夏魯派。

如今，夏魯寺幾經沉浮，依然佇立雪域高原，其間珍藏著大量壁畫、佛像、經書、唐卡、法器等歷史文物，其中以「四大寺寶」著稱於世。

第一件是「拉字經板」：據說，本寺在修建時，採用了一百零八塊小木板拼成方形，每塊木板上都刻有一個經文字。由一百零八塊字板組成了一段經文。信教群眾去朝拜時，都希望得到一張由拼字板印成的「消災降福」經文。

第二件是「聖水壇」：大經堂東南角陳列著一個直徑八十公分的大銅壇。傳說此壇十二年換水一次，換水時，原裝的淨水不增不減，人能得到此壇中的「聖水」便一生吉祥，還可洗淨十種污垢。

第三件是「天生六字真言石」：傳說是建寺挖地基時出土的，挖出時，石上便有六字真言字跡，四角並有四個小佛塔，因而傳為天生六字真言石。在寺牆腳下，做為該寺的基石。

第四件是「石頭臉盆」：據說是建寺人吉尊・西繞瓊乃當時苦行洗臉盆，陳放在大殿前面。雨水積滿後不外溢，甚為神奇。

每日法語

且此不淨身，粗惡是現境，恆常而顯現，若尚不住心，爾時此正法，無所住深細，非現最甚深，於心何易轉，此法甚深故，知眾生難悟，故能仁成佛，欲舍不說法。

——《寶鬘論》

四大譯師與教派紛起

　　後弘期開始，智光親自趕赴阿里弘法。在那裡，他注意到前弘期流下的教法多不完整，尤其一般僧侶沒有通達真空法性，妄行誅法等邪行，嚴重違反了佛的意旨。為了挽救遺留的弊害，並弘揚純正的佛教，他選派了二十一位青年才俊遠赴印度求學。

　　結果，這促成了西藏佛教史上譯師大量出現的局面。在這些譯師中，尤以「四大譯師」最為著名。本幅唐卡正是以四大譯師為主，向人們展現譯師的莊嚴。

四大譯師分別為寶賢、卓彌釋迦智、瑪爾巴和廓枯巴拉則。

寶賢譯師正是智光選派的青年之一，他前後三次往印度及迦濕彌羅求學，拜見親近過七十五位大論師，學習一切顯密教義。還迎請多位大師赴藏譯經弘法。正是在他努力下，才迎來了後弘期密法之盛。寶賢總弘四部密法，特別弘傳瑜伽部諸經的廣釋、儀軌、修法等；善講《二萬般若釋》、《八千頌般若》和獅子賢《八千頌大疏》等。西藏般若的盛行，全仗著他的提倡。

卓彌釋迦智是洛敦的弟子派往印度求學的青年，他在印度和尼泊爾共求學十三年，回藏後主要弘傳歡喜金剛等瑜伽母續。後昆寶王繼承他的道果傳承，並發展成為薩迦派。

瑪爾巴曾師從卓彌，後來三次到印度，親近多為大論師，廣學集密、勝樂、歡喜金剛、摩訶摩耶、四座等教授。主要傳拏熱巴、彌勒巴所傳集密等瑜伽續，佛頂等瑜伽母續。

廓枯巴拉則也是三赴印度，長期依止靜賢譯師，學集密龍猛派教授，並且翻譯《勝樂金剛空行續》、《四座續》、《摩訶摩耶續》、《歡喜金剛續》等。他主要所弘的教授，就是龍猛派的集密。

除了四大譯師，當時頗負盛名的譯師還有很多。他們譯經授徒，弘揚佛法於一方，進而形成弟子傳承修行方式各不相同的局面。因此，從西元一〇四二年阿底峽尊者到阿里，至此後百餘年間，成立了多數的教派。

這些教派中，主要有噶當派、噶舉派、薩迦派、格魯派、寧瑪派等。其中噶當派起自阿底峽尊者，「噶」是佛語，「當」是教授，意思是一切佛語經論都是修行的教授，故名「噶當派」。噶當派由阿底峽的

弟子種敦巴創建，他與弟子們廣事弘揚，傳承久遠。

　　噶舉派，「噶」指師長的言教，「舉」為傳承，意思是所修一切法門，須有上師親言傳授。這一派正是起自瑪爾巴譯師，他的上首弟子米拉日巴得到真傳，即身成佛，並將其傳授岡波巴。岡波巴將噶當派修菩提心教授與「迦舉派」大印教授結合，名為俱生大印，傳授門徒，成為噶當噶舉系。

　　從此，噶舉派眾系紛呈，先後有德松欽巴創立的噶瑪噶舉系、帕竹的帕竹噶舉系、止貢寶祥的止貢噶舉系等等，正是派系紛立，列舉不盡。

　　與上述兩派不同的是，薩迦派因地而得名。「薩迦」是地名，因在此地建寺弘法，所以稱為「薩迦派」。這一派的創始人源自卓彌譯師，他崇尚道果教授，並將之傳授於徒，得之真傳者為昆寶王。昆寶王建立薩迦寺，還將道果法傳給兒子薩欽。薩欽主持薩迦寺長達四十八年，被尊為薩迦五祖之首。其後法派相承，成為薩迦派，到元朝時，在八思巴主持下，此派掌管西藏政權，進而掀開政教合一的統治格局，也引發了與其他派別之間長期不息的抗爭。

　　覺囊派也是因地得名，相傳此派創始人為不動金剛。不動金剛證得時輪教授，傳給兒子，兒子又傳給弟子，如此代代相傳，到了悲精進時，建立覺囊寺，並繼續傳承密法，進而形成覺囊派。由於悲精進是八思巴的弟子，所以覺囊寺也是薩迦的屬寺，住持大德也都是由薩迦學成後轉入覺囊派。

　　像覺囊派一樣，與其他教派互為關聯的教派還有很多，如希結、覺宇，只不過他們時代稍久，兩者的教授和修法，已經融入其他各派中，

沒有獨立的系統可尋。再如廓箚和布敦，兩派教授普遍融入薩迦、迦舉等派中，尤其是宗喀巴大師，盡承兩派遺軌，創建最為殊勝的格魯派。而廓箚和布敦兩派，現在也沒有單獨流傳。

值得一提的還有寧瑪派，這一派源自前弘期蓮花生大師，歷史最為久遠，俗稱舊派。在滅佛其間，它未曾斷絕，並在後弘期傳遍全藏。到了明末清初，由於五世達賴興建寧瑪派修法，進而帶來寧瑪派全盛時代。其後雖然遭遇準葛爾王摧毀，但寧瑪派各寺廟很快修復，時代相傳，均有大德主持弘傳，至今仍遍於整個藏區。

每日法語

若於夢中夢吐惡食、飲酪乳等，及吐酪等，見出日月，遊行虛空，見火熾然，制伏水牛與黑人，見比丘比丘尼僧，見出乳樹，象、牛王、登上山峰、獅子座與微妙宮，聽聞說法，應知是罪淨相。

——《準提陀羅尼》

薩迦派興起

　　這是一幅薩迦五祖唐卡，中央為八思巴，在他上方和左下方，是薩迦五祖中的前三祖，因其都沒有正式出家受比丘戒，而是身著俗衣以居士身分自居，故稱白衣三祖；而八思巴和右下方的第四祖，因為他們倆正式出家為僧，受過比丘戒，身著紅色袈裟，故稱紅衣二祖。這幅唐卡

向人們展示了薩迦派興起的歷史。

西元一七〇三年，昆寶王在薩迦地方奔波日山觀察地形，於山坡白土中部的側面建立廟宇，這就是著名的薩迦派祖寺——薩迦寺。薩迦，正是「灰白色的土」之意。一直以來，薩迦寺的圍牆上都塗著紅、白、黑三色條紋，分別象徵密宗三大怙主文殊、觀世音和金剛手菩薩之智慧、慈悲和力量。因此，薩迦派常被稱為花教。

薩迦派以「道果法」為最重要的教義，開創和發展了以大、小五明為主的傳統知識文化講習之先河，開創了西藏「政教合一」的歷史，在藏傳佛教史上曾經紅極一時，引發無數次佛門爭鬥。這一教派究竟是如何興起的？這幅以薩迦五祖為主題的唐卡，為我們講述了這一歷史經過。

昆寶王是吐蕃貴族後裔，本是寧瑪派信徒，他從小跟隨兄長和長輩們學習教法傳承。等他長大後，漸漸對當時流行的密法產生興趣。有一天，他去參加慶典會，會上節目繁多，形式不拘一格，十分熱鬧。其中最引人矚目的就是咒師們表演的劇碼，他們頭戴空行母面具，手持各種法器，裝扮如女子，一會兒以散髮天女的姿態出現，一會兒又翩翩起舞。他們別出心裁的表演，讓人們欣賞到一派異彩紛呈的景象。

昆寶王被他們的表演打動，回到家後立即將所見所聞告訴兄長，並問：「為什麼會有這種現象啊？」

兄長對他說：「如今舊密法正處於沒落時代，所以才有這種混亂局面。這是一種不祥之兆。依我看，以後再修持舊密法，很難有什麼大成就了。像過去那樣，在顯密教法上有成就的大師，今後很難出現。」

昆寶王聽了，立刻說：「既然這樣，我們以前擁有的舊法器、舊經

典，以及過去的供養對象，是不是都該封閉，成為伏藏，開始吸納新的密法？」

兄長點頭表示贊同。他們付諸實施，開始封閉舊密法。然而，在這一過程中，大密馬頭明王和金剛橛二尊護法神，由於神祕莫測、法力無比而沒能制伏封閉。正是這一原因，在薩迦派重新創建神靈系統時，依然保留了馬頭明王和金剛橛二大護法神的神聖地位。

此後，昆寶王在兄長建議下，到後藏親近最為著名的譯師卓彌·釋迦益西，學習到了後弘期內興起的新密法，實現創建新教派——薩迦派的理想。

薩迦派由昆寶王的兒子薩欽發揚光大。從他之後開始的五位教主，史稱薩迦五祖。

薩欽擔任薩迦寺主持後，大力宣講顯密教法，尤其重視教言道果法的教授。他主持薩迦寺達四十七年之久，為薩迦派的教法體系趨於完善、宗派勢力的不斷壯大，做出了重要貢獻。據說他能一身顯現六種不同神相，因而被公認為觀世音菩薩之化身。薩迦派在這一時期得到飛速發展，並在藏傳佛教界嶄露頭角，其宗派勢力急劇壯大，社會影響力同時迅速擴大。

薩欽之後，他的兒子索南孜摩繼任法位，成為第二祖。不過，他很快就將法位讓給弟弟簹巴堅贊，自己則集中精力專心修習佛法。成為精通佛法的大成就者，為弘揚佛法做出貢獻，因嚴守戒律而譽滿當時的佛教界。

第三祖簹巴堅贊十三歲就擔任薩迦寺寺主，他盡職盡責，負責建造薩迦舊寺大殿屋頂的佛殿，用金汁寫大藏經甘珠爾部。他嚴守戒律，將

廣大信徒供養的全部財物用於建造佛像、佛殿和佛塔或分發給貧困農、
牧民，廣受讚譽。他擔任寺主五十七年後去世，人們看到，他只留下一
個坐墊，一套袈裟，別無他物。

　　第四祖是薩欽最小兒子的長子，名薩班・貢噶堅贊，他就是著名的
薩迦班智達，是享譽整個藏區的大學者。在他主持薩迦寺期間，正值元
朝興起，當時的蒙古闊端大汗有意與西藏交流，邀請薩迦前往涼州商
談。薩迦班智達表示歸順元朝，並勸服西藏其他各地勢力，進而圓滿完
成西藏歸順元朝的重任。從此，薩迦派與政權結下不解之緣，成為西藏
佛教界獨一無二的新興教派。

　　第五祖八思巴正是在薩迦班智達基礎上，成功開創了宗教與政治結
合的統治體制，從此，薩迦派教主也成為朝廷帝師，進而開始了藏傳佛
教長達數世紀的統治歷史。

每日法語

　　更於一切有情俱足平等心、饒益心與慈心，其意善趣入心相續幻化
自性，智如大海、慧如須彌。　　　　　　　　——宗喀巴《極樂願》

八思巴成為元朝帝師

　　這是一幅供奉在薩迦寺的著名唐卡——《八思巴畫傳》。畫面中央主尊為薩迦第五祖八思巴，他身穿紅色法衣，結跏趺坐於蓮臺上，雙手結印於胸前。在主尊四周，繪製了八思巴整個一生的宗教、政治活動，其中他兩次進京，沿途萬里的風物習俗，也都盡收卷內。畫面上人物眾

261

多，卻不受遠近透視關係影響，一個個生動活潑，唯妙唯肖。整幅畫面構圖完整，基調一致，不受歷史、時間、空間限制，再現了一代宗師的傳奇故事。

八思巴是薩迦班智達的姪子，從小聰慧好學，八歲就能講經說法，曾經跟隨伯父前往涼州會見蒙古大汗。西元一二五一年，他十六歲時，伯父去世，臨終前將法位傳給他。於是年紀輕輕的他成為薩迦派的教主，又是代表西藏地方勢力的顯赫人物。

由於年紀尚幼，自然引起他人懷疑。有一次，忽必烈召見八思巴，當他們相見時，忽必烈忽然問他：「您的佛法與您的伯父相比如何？」

八思巴坦然回答：「伯父的佛法如大海水，我所得到的只是用手指點水於舌尖而已。」

忽必烈聞言大喜，他知道八思巴雖然年幼，卻種性不凡，有意留他為自己求戒法，遂拜他為國師，並由他為自己和王妃們灌頂。

八思巴從此入居中國，一度在五臺山壽寧寺居留。時天兵南下，襄城百姓們紛紛祈禱真武大神降臨。八思巴看到大黑神帶領兵馬從西北方而來，於是站立城頭，望風款附，結果兵不血刃，大破城池。此後，百姓們常常看見大黑神出入其家，不知何故。八思巴聽聞詳情後，命人在涿水之陽建立神廟，供養大黑神。從此，民間遇到水旱、蝗災，前去祈禱，無不回應。

八思巴得道藏化胡經並八十一化圖，見其幻惑妄誕，不由得感嘆：「邪惑如此，太過分了。」於是奏聞忽必烈。忽必烈下旨召集教禪大德、翰林承制等，讓他們在長春宮辨證真偽。經過多個回合辯論，最終八思巴駁倒對方，取得勝利。忽必烈下令焚毀偽文。

忽必烈感八思巴法恩，將西藏十三萬戶做為求密法的供養，賜玉印，命他統領天下佛教，管轄全國佛教和吐蕃僧俗政務。八思巴成為藏族地區的實際長官，這是藏傳佛教中前所未有的事情。

　　當時，八思巴的一個好友大學者奈塘正理劍對此表示不滿，寄詩譏諷他：「嘎廈烏雲障佛教，國王奪去眾生樂。濁世沙門貪富貴，不悟此理非聖人。」八思巴讀後，亦作詩回答：「教有盛衰佛明訓，有情安樂係自業。隨類被機施教化，不解此理非學者。」彰顯寬宏無量的智慧和心懷。

　　有一年，在大都任職的八思巴想回薩迦修建廟宇，忽必烈知道後，命人選了四根直徑四尺的大柱賜給他。可是，柱子太粗、太大了，根本無法運回薩迦。八思巴只好惋惜地回歸故里，誰知，當他回到薩迦的時候，那四根大柱竟然漂浮在重曲河上，令人嘆為觀止。後來，他建造拉康欽莫寺，殿內有四十根大柱，中間四根尤為粗壯，即是忽必烈賜予的大柱。

每日法語

　　亦以普賢行所說七支供，以致菩提藏，不退轉之心，信仰三寶尊，雙膝著餘地恭敬合掌已，先三遍皈依　　　　　　——《菩提道燈論》

止貢寺之亂

西元一二九○年，墨竹工卡縣東北的止貢寺內發生了空前絕後的事件，元朝兵馬衝進寺內，放火燒毀大殿，殺害僧俗達一萬多人。這就是藏傳佛教史上著名的止貢寺之亂。止貢寺被滅，其原來的屬民和領地被薩迦派佔有。

止貢寺之亂並非一朝一夕累積的矛盾，還要追溯到多年前。薩迦派

興起後，在西藏成為獨一無二的教派與組織，不可避免地阻遏了其他教派勢力發展。這樣一來，許多教派與薩迦派產生矛盾成為必然。可是迫於薩迦派強大的勢力，他們一時不敢做出什麼舉動。止貢派做為帕竹系一支，於西元一一七九年由仁欽貝修建止貢寺為標誌，乃是噶舉教派傳承。本幅唐卡描繪了止貢巴吉天頌恭的場面，可以看出僧眾之多，聲勢之大。

西元一二三四年，止貢派上帥溫仁波且索南紮巴去世，當時有一批被稱為「止貢日巴」的修行者前去崗底斯山，途經薩迦寺時拜見教主薩迦班智達。當薩迦問他們溫仁波且圓寂時有什麼徵象時，一位日巴說：「上師圓寂時降了舍利雨，出現了一尺高的大印金身像。」

第二天，止貢日巴們聚集法苑，準備傾聽薩迦宣法，這時，薩迦只說了一句：「你們學識太廣大了，我給不了你們什麼恩德。不過你們不要再像昨天那樣說大話。」說完，他一言不發。

止貢派的人聽到這件事後，十分鬱悶，礙於薩迦派的勢力，卻也沒有什麼行為。後來，隨著止貢派勢力日漸強大，特別是多吉貝擔任後藏地區官員後，他念念不忘這段恩怨。多吉貝曾是京俄紮巴迥乃的侍從，曾任帕竹萬戶長。為了發洩怨恨，他到薩迦的法苑中跑馬，還在大銅鍋中儲水飲馬，拆毀房屋改為街市。如此種種舉動，當然引起薩迦派眾人的氣憤。矛盾瞬間升級，雙方展開持續日久的紛爭。

他們分別派出代表前往當地政府，乃至當時朝廷打官司。結果當時政府——元朝支持薩迦派，因此他們贏得了官司。

然而，當時的西藏勢力很多，並不歸順於朝廷，或者是朝廷還對其缺乏有效控制。因此止貢派不服判決，再一次挑起事端，於西元

一二八五年在多吉貝支持下縱兵進攻屬於薩迦派的恰域，將恰域寺縱火燒毀，並殺害了恰域寺的堪布桑結藏頓及九名僧人。而且戰鬥中止貢派將領也被薩迦派殺死，雙方均有死傷的情況下，兩派矛盾驟然激化，對立更加嚴重。

同年，為了對付薩迦派，止貢派前去西部蒙古請求援兵，並從阿拉伯地區借兵九萬，準備徹底推翻薩迦派統治。

薩迦派豈會束手就擒，他們憑藉朝廷支持，與駐守西藏的元兵嚴守以待，抵禦西部軍隊來犯。一場殊死之戰即將拉開序幕，整個藏區處在大動盪之中。

在這種情況下，元朝忽必烈決定先發制人，於是派兵攻打止貢寺，這就發生了本文開頭的一幕。

止貢寺發生戰亂，當時的止貢寺法座努‧多吉意希只得帶著年僅十一歲的止貢居尼仁波且多吉仁欽等逃到工布，還有很多上師也逃到此地避難。直到三年後，一位名叫咱日巴那波的勇士，給皇帝送呈申辯文書，請求平息兩派衝突。皇帝採納建議，賜給止貢派大量物品做為補償，將烏思藏的一個萬戶府的民戶賜給管理，下令修復止貢寺，賜給朗格巴意希貝虎頭印章和擔任官巴的詔書，委任他為止貢萬戶長。至此，薩迦與止貢兩派的戰亂終告結束。

每日法語

於三有樂不貪著，為暇滿義而精進，志依勝者所喜道，諸有緣者淨意聽。

——宗喀巴《三主要道》

帕竹的故事

西元十四世紀上半葉開始，元朝逐漸衰落，藏傳佛教隨之而來發生了很微妙的變化，長期以來佔據統治地位的薩迦派失去了中央政權的強大支持，於是其他教派勢力紛紛崛起。一三五四年，帕木竹巴絳曲堅贊消滅了薩迦地方政權，取其轄地。至此，曾經強大不可一世的薩迦派被迫退出政治領域，僅僅保留了法王的稱號和官銜，逐漸向純宗教領域複歸。

帕木竹巴絳曲堅贊是誰？他如何具有如此能量推翻薩迦政權呢？

帕竹系創始人帕木竹巴，本名多吉傑波，簡稱帕竹，生於西元一一一〇年，本是康區人，他自幼入藏遊學，深得噶當、薩迦、寧瑪各派真諦，被稱為「卻擦哇」，意為熱心佛教的人。西元一一五八年，他

到山南帕木竹地方建丹薩替寺，在此傳法授徒。據說，「帕是指無生的
法身，『竹』是指眾生得以解脫。」意思是說這裡是一個可以證得法身
佛位的地方，就像能把眾生從惡趣苦海中解救出來的舟船一樣。

帕竹門徒眾多，這些門徒學有所成後，分別在康藏各區建立寺廟，
弘揚佛法，先後形成八個分支。其中止貢派、達成派、主巴派是最有實
力的分支，他們與地方勢力結合，發展迅速，將其他五派逐漸兼併。

帕竹系主寺丹薩替寺，與各分支共同發展，西元一二○八年，山南
封建主朗拉斯家族的紮巴迥乃掌管丹薩替寺的寺主職位，此後，帕竹系
由此被朗氏家族把持，其傳承僅限在這個家族之內。

《朗氏家族・靈犀寶卷》中記載了一個美妙的傳說，說明了朗氏家
族的來源：

朗氏家族本是藏人先祖六族姓之一的塞瓊查氏的後裔，五代之後，
家族中先後誕生八個孩子，被稱為「天神八兄弟」。天神八兄弟中的兩
人結合，生了一個奇特的男孩，這個孩子的頭頂上有一股像海螺一樣白
的霧氣。父親芒董達贊見此，非常驚喜，連叫了三聲：「朗索」，意思
是「水氣啊」！

後來，這個男孩得名為「拉色潘波切朗」，意為天神種族的朗氏潘
波切。由潘波切往下繁衍的後代，就被稱之為朗氏家族。

拉色潘波切朗的二十世孫中有位叫紮巴迥乃的，年輕時出家為僧，
拜帕竹的親傳弟子久曲貢波為師，整整十七年與上師形影不離，為此被
稱為「京俄」，意為眼前的人。三十四歲時被上師委派掌管了丹薩替
寺，他將教派傳承與家族血緣關係結合起來，稱為帕竹朗氏家族。

在朗氏家族管理下，帕竹形成了比薩迦時期更加典型的政教合一體

制，勢力大增。到了紮巴迥乃的侄孫絳曲堅贊接任寺主之位後，更是大刀闊斧擴張勢力。他的行為引起薩迦派各地勢力反對，有一次，他們聯合起來逮捕絳曲堅贊，給他戴上枷鎖，用皮鞭抽打，打得他身上皮開肉綻，臥床不起。他們還積極策劃，準備殺害他。他的處境非常危險。

絳曲堅贊十分勇敢，不為所屈，暗地裡安排軍隊積極迎戰。這時，薩迦內部矛盾幫助他逃過一劫。旺尊擔任薩迦本欽後，甲哇桑布的權力受到損害，他為了尋求靠山，偷偷放走了絳曲堅贊。

絳曲堅贊死裡逃生後，立即召集帕竹官員僧俗集會，對他的民眾發動戰前動員：「在與薩迦派一決高低之前，無論僧俗都不要專修佛法，為了避免危險，我們必須同心協力，與敵人戰鬥到底！」然後，他與眾人一同立誓。

這一立誓說明帕竹已由宗教組織演變為政治團體，可見當時佛教藏區的真實狀況。

在絳曲堅贊領導下，西元一三五四年，帕竹徹底消滅了薩迦派地方勢力，建立了帕竹地方政權，統治了衛藏的大部分地區。西元一四○六年，帕竹首領紮巴堅贊被封為為「闡化王」，朗氏家族在政治、經濟、宗教上的實力達到極盛。此後，帕竹做為政教合一體制統治西藏多年，直到西元一四八一年被新興勢力推翻。

每日法語

如以化破化，及諸幻士夫，以幻破其幻，此破亦如是。

——《回諍論》

宗喀巴與格魯派

　　在帕竹勢力統治西藏期間，傳統的宗教戒律受到衝擊，佛法在政治影響下正在成為政權的附屬品，這一現象引起很多高僧大德憂慮，其中有人開始為恢復佛教戒律而努力，他就是格魯派創建人宗喀巴大師。

　　這幅唐卡中，宗喀巴結跏趺坐於蓮花座上，下結定印，頭戴桃形黃

色尖頂法帽，表示以重視戒律為號召。畫面以山水林木為背景，與人物、建築的黃色、紅色形成鮮明對比。

在主尊四周，展示了宗喀巴主要的佛事活動。他積極推行宗教改革，在各個寺廟講授佛經，提倡戒律，寫成《菩提道次第廣論》，大力宣傳格魯派理論活動。可以說，這幅唐卡很好地展現了宗喀巴為創建格魯派所做的各種工作。

西元1410年，五十四歲的宗喀巴在拉薩以東的達孜縣境內建立了甘丹寺做為主寺，成為格魯派建立的標誌。宗喀巴大師非常重視興建寺院，他說：「為了我們本派顯密教法的講習永不中斷，並且弘傳到一切地方，應當興建一座圓滿的寺院，並且如同母親養育兒子一樣發展各個寺院。」

在這種思想影響下，大師的弟子們踴躍籌建寺院。西元一四一六年，由內鄔首領南喀桑波擔任施主，嘉央曲傑主持，在拉薩西郊興建了哲蚌寺。哲蚌寺成為格魯派主要寺院之一，後來隨著達賴轉世制度出現，歷任達賴也成為該寺主持。

西元一四一九年，大慈法王釋迦益西迎請宗喀巴到沙拉卻頂禮敬供養。大師在此期間，開示大慈法王應該在沙拉興建寺院，奠定講修佛法的根基。

釋迦益西謹遵師命，親自為沙拉寺奠基，準備建寺用的各種物資，在帕竹的大臣內鄔宗巴南喀桑波佈施下，完成修建任務。沙拉寺建立不久，宗喀巴大師圓寂，釋迦益西在此為其做了超渡法事。

此後，釋迦益西在在沙拉寺廣轉法輪，並陸續建成了其他佛殿及佛像、佛塔等。

　　哲蚌寺和沙拉寺，連同甘丹寺被稱為拉薩三大寺。後來，格魯派弟子們先後在日喀則修建紮什倫布寺，在青海湟中縣修建塔爾寺，它們與三大寺合稱為格魯派的五大寺。這些寺院實現宗喀巴的理想，成為宣揚宗教改革思想的陣地。

　　在藏密的各教派中，格魯派是最晚形成的一派。但由於宗喀巴所進行的宗教改革，恢復了佛教的權威及其號召力，既得到僧侶廣泛的擁戴，又贏得統治階級的支持，所以格魯派後來居上，成為後期西藏佛教中唯一、最大的教派。

　　宗喀巴圓寂後，弟子們傳承發揚了他的事業，其中主要有他的兩個弟子，一個叫根敦珠巴，以後被格魯教追認為第一世達賴喇嘛，相傳係觀世音菩薩化身；另一個叫克珠傑，以後被格魯教追認為第一世班禪，相傳係無量光佛化身。

　　這些弟子傳人都效仿宗喀巴頭戴黃色僧帽，因此格魯派又被稱為「黃教」。如今，在西藏的寺廟中，普遍供奉著宗喀巴及其弟子的塑像或者唐卡繪畫。

每日法語

　　嗟乎世間之俗務，永無完結終了時！故應決心捨一切，專志一意修佛法！若念未來時日多，突然命終無常至！何日死來不可知，念此心自向佛法！

——密勒日巴尊者

達賴與班禪轉世

　　達賴、班禪是藏傳佛教格魯派的兩大活佛系統，西藏佛教界認為活佛是永恆的，透過連續不斷的「轉世」來到世間生活。因此一位活佛圓寂時，就要根據種種「徵兆」和「啟示」，來確定活佛轉世的方向和地點，然後再派人沿著一定方向尋找被認為是活佛化身的「轉世靈童」。

這種基本的轉世制度確立，在達賴和班禪兩大活佛系統中得到充分運用。

據稱，達賴是「欣然僧佛」即觀世音菩薩的化身；班禪是「月巴墨佛」即無量光佛的化身。明嘉靖二十一年，格魯派開始採用活佛轉世制度，迎請宗喀巴的後世弟子索南嘉措到哲蚌寺繼任寺主職位。習慣上，一般把四歲的索南嘉措進入哲蚌寺的時間做為格魯派寺院集團形成的標誌。

西元一五七八年，索南嘉措到青海地區傳教，說服了土默特部的首領俺答汗皈依佛門，他們在政治上彼此推崇並互贈尊號。俺答汗贈給索南嘉措的尊號：「聖識一切瓦齊爾達喇達賴喇嘛」。

西元一五八七年明朝政府正式承認這一稱號，並派使節加以敕封。索南嘉措得此稱號之始，為三世達賴喇嘛。後人由此往前追溯，宗喀巴的弟子根敦珠巴為一世，根敦嘉措為二世。

格敦朱巴，意為「僧成」，是格魯派創始人宗喀巴大師的大弟子之一，後藏紮什倫布寺的創建者。他二十五歲時拜宗喀巴為師，在甘丹寺學習格魯派教法，並成為最有成就的弟子之一。

格敦朱巴一生好學，曾在後藏各地講經傳法，宣揚格魯教義。後來他在桑主則（即今日喀則）宗本乃穹吉巴‧班覺桑布的資助下，興建了箚什倫布寺，任該寺首任赤巴，長達三十八年之久。

在此期間，甘丹寺第三任赤巴克珠傑圓寂後，由誰繼任為第四任赤巴成為寺院第一要務。甘丹寺眾僧經過多次商量，決定迎請格敦朱巴前往。當甘丹寺派來的人見到格敦朱巴，說明來意後，格敦朱巴誠懇地說：「現在箚什倫布寺剛剛建成，我立刻離去，一定會對它產生影響，

恐怕很難維持現狀，所以我不能去甘丹寺。」

來人非常為難，問道：「依大師之見，何人可以擔當甘丹寺重任呢？」

格敦朱巴沉靜地回答：「克珠傑大師的弟弟巴索·曲吉堅贊，修習多年，頗有聲望，可以擔當甘丹寺第四任赤巴。」

果然，甘丹寺僧人採納他的舉薦，推舉巴索·曲吉堅贊成為第四任赤巴。

本幅唐卡正是描述了格敦朱巴托缽說法的場景，他頭戴黃色僧帽，左手托缽，右手結說法印，結跏趺坐。在他身後，是他創建的箚什倫布寺，寶座側下方是他的弟子，下方為大持金剛。在他頂部，是宗喀巴上師及其修行本尊綠度母。

西元一六五三年，五世達賴應清帝之邀來到北京。順治皇帝沿用了俺答汗對三世達賴的尊號，正式冊封他為「西天大善自在佛所領天下釋教普通瓦赤喇怛喇達賴喇嘛」，並授予金冊和金印。從此，「達賴喇嘛」封號開始具有政治意義和法律效力。之後，清朝為了治理西藏，又令七世達賴喇嘛掌管地方政權，開始政教合一的政治體制。

班禪的稱號較達賴晚，西元一六四五年，當時控制西藏實權的蒙古首領固始汗封稱宗喀巴的四傳弟子羅桑確吉堅贊為「班禪博克多」。「班」是梵文「班智達」，漢語意為「學者」；「禪」是藏語「欽波」，漢語意為「大」，合起來是「大學者」的意思。「博克多」則是蒙語，指有智有勇的英雄人物。班禪正是冊立後，效仿達賴轉世系統，追認宗喀巴的弟子克珠傑被追認為第一世班禪。

克珠傑在藏傳佛教史上聲名顯赫，他年輕時曾跟隨薩迦派學法，後

來聽了宗喀巴講經後，深為感佩，認識了格魯教義的重要性，於是正式
拜宗喀巴為師，開始為弘揚格魯教義而四處雲遊講法。

當時，格魯派做為新興教派，受到一些舊派勢力反對，他們視格魯
派為眼中釘，肉中刺，極力貶低和誹謗。據說一位很有影響力的寧瑪派
法王特別仇視格魯派，他叫絨青巴，在僧俗中有較高的聲望。由於他經
常貶低格魯派，對格魯派的傳播極為不利。

克珠傑瞭解到詳情後，毫不遲疑地專程找到絨青巴，提出與他辯論
的要求。絨青巴見克珠傑不過是一個年輕僧侶，聲望不高，有心透過辯
論打擊格魯派，便十分痛快地答應了他。

這天，辯論開始後，絨青巴是得道高僧，當然首先發難，他朗朗而
談，引經據典，極其精彩。年輕的克珠傑毫無懼色，與之對應作答，一
點也不含糊。激烈的辯論吸引諸多僧侶，大家屏氣凝神，引頸細聽，場
面非常緊張。

經過長時期的辯論，結果，絨青巴認輸，克珠傑獲勝。這事傳開
後，克珠傑的聲望大振，被公認為宗喀巴的第二大弟子。此後，他更加
全心弘揚格魯派教法，成為一代宗師。西元一四三二年，他得到甘丹寺
全體僧眾的集體推舉，繼任甘丹寺第三任赤巴。

克珠傑任赤巴達八年之久，為鞏固和發展格魯派盡心竭力。在闡述
格魯派教義、制訂格魯派的各種法規和學習程序、建立寺院的管理制度
等方面，做了大量的工作。對宗喀巴的思想和成就，他有很深刻的體會
和獨到的見解。因此，他撰寫的《宗喀巴傳》，內容豐富，資料詳實，
見解深刻，對闡釋和弘揚宗喀巴的思想，具有重要作用。

另外，在克珠傑的大力宣導下，各方募捐、籌集資金和財物，在存

放宗喀巴肉身銀塔的藏式大殿的屋頂上，建造了一座漢式的金頂，俗稱「金瓦寺」。這是甘丹寺歷史上建築的第一座金瓦寺。相傳，克珠傑還是一位很有才華的畫家和雕塑家，現在甘丹寺有兩幅壁畫，就是他的佳作。

達賴和班禪轉世制度確立，進而掀開西藏佛教歷史嶄新的一頁。

每日法語

你們的生幫助了我們，死也利益了我們，讓我叫你們一聲，阿媽。

阿媽！當孩子們傷害到你的時候，你為什麼不叫醒我們，讓孩子們在貪婪中沉睡？

阿媽！我不餓，也不冷，再不需要你們來為我準備，我已經長大了。

——《噶瑪巴素食語錄》

五世達賴喇嘛駐錫布達拉宮

　　五世達賴羅桑嘉措，意為「善慧海」，從小被認定為活佛轉世，六歲時，在四世班禪羅桑卻吉堅贊主持下被迎請至哲蚌寺，舉行坐床儀式，正式成為五世達賴。此後，他拜四世班禪為師，先後受了沙彌戒和比丘戒。五世達賴執政期間，最大的貢獻就是將駐錫地由哲蚌寺移居布達拉宮，從此，布達拉宮成為歷代達賴居住生活的地方，也成為藏傳佛教最著名的中心地帶。

此幅唐卡中，五世達賴端坐法臺上，目視前方，右手持蓮花，蓮花上有一金剛杵，左手當胸，捧御賜金冊。在他身後，妙花環繞，祥雲朵朵，背光明顯，充分描繪了一代大師的莊嚴聖容。

羅桑嘉措身為高僧活佛，是位頗有魄力的改革家，由於在他執法前，曾經身兼蜇蚌寺的第十五任赤巴和沙拉寺的第十七任赤巴。所以，他執法後規定，歷代達賴即為哲蚌寺和沙拉寺的寺主，別人不得充任，由達賴委派一名堪布代表他管理寺政。

羅桑嘉措十分注重與政治勢力通好。當時，清王朝在東北崛起，勢力日漸強盛，他注意到這種情況後，主動與四世班禪共同商量，決定派人前往友好。四世班禪同意他的意見，與他一起委派喇嘛賽青曲結遠去盛京，與清王朝統治者結交往來，進而確立雙方之間的友好關係。

後來，順治帝入關，一直十分信奉佛法，重視與藏傳佛教間的交往。他曾派人帶著禮物到西藏探望五世達賴羅桑嘉措。使者來到西藏後，遵照旨意在各大寺院熬茶、佈施，與僧侶互相饋贈厚禮，關係更加親密。

順治帝專派恰噶喇嘛、喜饒喇嘛來到拉薩，請五世達賴進京講法。羅桑嘉措接受邀請，率領三千人的隊伍浩浩蕩蕩向北京出發。行進途中，遇到順治帝派來的內務府大臣霞古達熱康的迎接。快到北京時，順治帝派人送來一乘金頂黃轎，賜給羅桑嘉措，讓他乘坐入都。

羅桑嘉措到達北京後，住進了清廷為他特意修建的黃寺中。順治帝在太和殿設宴為他接風洗塵，賞賜黃金五百五十兩，白銀一萬一千兩，大緞一千匹和其他許多珠寶、玉器。羅桑嘉措在京都為順治帝和大臣們講法說經，深受大家尊崇。

　　不過，羅桑嘉措牽掛教內事務，無心長居，遂以水土不服為由，呈請順治帝批准返藏。順治帝答應他的要求，並設宴為他餞行，再次賞賜給他大量黃金、白銀、珠寶、玉器等厚重禮品。

　　羅桑嘉措帶著重禮返回西藏，不料途中被順治帝派來的禮部尚書覺羅朗丘、理藩院侍郎席達禮等追趕上。他非常疑惑，以為順治帝反悔。可是沒等他說什麼，兩位大人就奉送上順治帝親自冊封他，有漢、蒙、藏、滿四種文字的金冊、金印。金印的全文是「西天大善自在佛所領天下釋教普通瓦赤喇怛喇達賴喇嘛之印」，金冊共十五頁。這下羅桑嘉措心中釋然，安心回藏。

　　此後直到晚年，羅桑嘉措專心著書立說，著作共有三十餘卷，著名中的《相性新釋》、《西藏王臣記》、《菩提道次第論講義》、《引導大悲次第論》、《自傳》、《三世達賴傳》、《四世達賴傳》、《大宿爾傳》、《極密大圓滿教法史》等是他的代表作，為後世留下了寶貴的文化遺產。

每日法語

　　莫輕小善，以為無福，水滴雖微，漸盈大器，凡福充滿，從纖纖積。

——《法句經》

六世班禪大進京

　　這是一幅六世班禪的唐卡。西元一七三八年，第五世達賴圓寂一年之際，六世班禪降臨人間。這位神童出生不久就顯示了非凡的才智，兩個月能合十沉思，九個月時可以誦頌六字真言，一歲半時竟能誦說《長壽經》。更令人稱奇的是，他可以識別藏藥七生丸及靈物丸的顏色、大

281

小，還能辨認格魯派與其他教派的僧衣。

有一天，當他無意中見到五世班禪的畫像時，沉思良久說：「這就是我！」至此，人們開始認為他是五世班禪的轉世，箚什倫布寺派出僧人前去驗證，結果發現他從眾多物品中挑出了五世班禪的法器，於是人們將其迎請到了箚什倫布寺，年僅三歲的他正式坐床，成為六世班禪額爾德尼。

六世班禪一生注重與中央政權協調關係，堅定維護皇帝權威，維護國家主權，抵制外來侵略，在藏地聲望頗高，也受到當時清廷信任。

西元一七七八年，乾隆帝為慶賀自己的七十大壽，邀請六世班禪進京。六世班禪接受邀請，於第二年六月率領十三名勒參巴及隨行人員兩千餘人，從箚什倫布寺啟程，開始了浩浩蕩蕩地進京之旅，史稱「六世班禪大進京」。他們經過羊八井時，八世達賴、駐藏大臣、攝政和全體噶倫前來隆重迎送。進入康區青海後，也受到當地僧俗及政府歡迎。他們來到為紀念宗喀巴大師修建的塔爾寺過冬。

西元一七八〇年七月，經過兩年行程，六世班禪終於到達承德，時乾隆皇帝命大臣將其迎入須彌福壽廟，親自接待他們。乾隆皇帝十分歡喜，見到六世班禪問道：「大師身體好嗎？一路上辛苦啦！」

六世班禪回答：「託皇上洪福，沿途無恙。」

乾隆皇帝又說：「朕已經七十歲了，如此高齡幸見喇嘛大師，朕心甚慰，從此中原佛法弘揚有期可待了，四海人民可以廣受利益。」說完，他將自己用過的珍珠串、玉如意和一條哈達贈給六世班禪。

第二天，乾隆皇帝親往須彌福壽寺看望班禪，對他說已在熱河修建箚什倫布寺，以備大師駐錫。而且他為了與班禪良好地互動，還學習了

藏語。班禪聞言，大為驚訝，也深為感動，到了皇帝誕辰日，他晉獻重三百兩的金佛像、佛案和菩薩畫像八十一幅、全套《甘珠爾》、重三十兩的金製護身盒、琥珀串珠三掛等物品，做為壽禮。並率僧眾誦經祝福乾隆帝萬壽無疆。

　　祝壽完畢，六世班禪跟隨皇帝回到北京，乾隆又向他獻金如意、羊脂五香爐、寶體等各種供養。此後，班禪在雍和宮為高宗傳授佛法。不幸的是，班禪在年底突染天花在北京黃寺圓寂，享年四十二歲。乾隆帝為了永久紀念六世班禪，特命在黃寺西側修建了一座雄偉的「清淨化城塔」，形成一座規模完整的廟宇，人稱西黃寺。

每日法語

　　當我們的朋友及貴人離去時，是利器之輪，迴轉到我們身上，惡作還得自受。直到現在，我們總是將他人的朋友、忠僕佔為己有。從今以後，讓我們永遠不再挑撥親密的朋友分離。　　──《利器之輪》

金瓶掣籤

　　金瓶掣籤是用來認定藏傳佛教最高等大活佛轉世靈通的方式。這一方式開始於西元一七九二年。

　　元朝以來，由於貴族勢力參與操持，西藏佛教事務出現很多變故。到了清朝時期，西藏各教派紛爭激烈，游牧於青海的蒙古汗王和西藏的

地方勢力，用各種辦法控制西藏的大活佛，以便擴張自己的勢力，並鞏固所獲得的特權。

當時，最有名確認靈童的辦法就是「吹沖」。

這一個具體方法為：活佛圓寂之後，由最有名望的跳神巫師「吹沖」來認定轉世靈童。「吹沖」在各種賄賂下，在跳神中，假藉神諭，指定的活佛轉世靈童大多出自蒙古王公或西藏的大貴族之家，有的甚至還是「吹沖」家族中人。

這一現象導致噶瑪噶舉紅帽系活佛確朱嘉措叛國，勾引尼泊爾人入侵西藏事件的發生。

西元一七八五年，噶瑪噶舉紅帽系第十世活佛確朱嘉措外逃到尼泊爾，挑唆尼泊爾國王發兵西藏，奪取政權。尼泊爾人入侵西藏後，獲利不多，到西元一七九二年，他們再次發兵入侵西藏，將紮什倫布寺洗掠一空後，又攻打日喀則宗城堡。乾隆皇帝得到戰報後，派嘉勇公福康安為大將軍，率兵入藏，由日喀則一路南下，將尼泊爾兵逐出西藏，並乘勝一路掃蕩，最後兵臨尼泊爾首都加德滿都城下。尼泊爾國王被迫投降，交出確朱嘉措的屍骨、妻小及掠去的紮什倫布寺部分財物，表示永不侵犯邊界，許諾向大清國五年一朝貢。

福康安班師西藏後，按照乾隆皇帝旨意對西藏事務進行了整飭，嚴懲確朱嘉措的叛國行為，廢除了噶瑪噶舉紅帽系活佛轉世，查抄了該系的寺廟和財產，並強令其所屬百餘名紅帽喇嘛改奉黃教。不僅如此，為了使西藏長治久安，乾隆皇帝還派人與達賴、班禪的僧俗要員商議，制訂出著名的《欽定二十九條章程》。

這一章程中第一條就提到了關於活佛轉世制度的方式問題，這就是

著名的金瓶掣籤制度。

　　制度規定，為了避免以往出現的種種弊端，皇帝特地欽賜一金瓶，今後尋訪靈童時，應該邀集四大護法將靈童的名字及出生年月，用滿、漢、藏三種文字寫於籤牌上，放進瓶內，選派真正有學問的活佛，祈禱七日，然後由各呼圖克圖和駐藏大臣在大昭寺釋迦牟尼像前正式認定。假若找到的靈童僅只一名，亦須將一個有靈童的名字的籤牌，和一個沒有名字的籤牌，共同放置瓶內，假若抽出沒有名字的籤牌，就不能認定已尋得的兒童，而要另外尋找。

　　達賴和班禪額爾德尼像父子一樣，認定他們的靈童時，亦須將他們的名字用滿、漢、藏三種文字寫在籤牌上，同樣進行。

　　章程中特別指出，為了保證公正，金瓶應該放在宗喀巴佛像前，保護淨潔，並進行供養。

　　金瓶掣籤制度設立了兩個金瓶，一個放在北京雍和宮，專供蒙古地區大活佛轉世靈童掣籤用。另一個置放在拉薩大昭寺，專門供西藏、青海等地掣籤定大活佛轉世靈童。

　　凡蒙藏大活佛如章嘉、哲布尊丹巴、達賴、班禪等轉世時，均須經金瓶掣籤認定。

　　金瓶掣籤制度建立後，第一個啟用金瓶掣籤並得到認定的達賴是九世達賴的轉世靈童，即十世達賴楚臣嘉措；第一個用金瓶掣籤認定的班禪是七世班禪轉世靈童，即八世班禪丹白旺修。此幅唐卡中的主尊正是七世班禪。

　　此後，格魯、噶舉、寧瑪各派的活佛轉世系統均採用這一制度，先後已有七十多名活佛透過此制度得到認定。

🌸 每日法語 🌸

　　所以想學求法者，有了具戒忍功德；慈心圓滿優越子，咕嚕無二金剛持。

——《上師五十誦》

第六篇

關於壇城佛塔及其他唐卡故事

十相自在

　　這是著名的十相自在圖，藏語稱朗久旺丹，圖案由七個梵文字母、三個圖形和蓮花座組成，象徵著密乘本尊及其壇城和合一體，代表時輪的精髓，是時輪金剛的核心表象意義。

　　時輪金剛密法是本師釋迦牟尼佛為香巴拉國王所授，共有一萬兩千

頌。當時，本師曾預言，末法時人性黯淡，必由香巴拉重新統領世界，才能恢復佛法正要。為此，香巴拉成為人們心中的聖地。而時輪金剛咒碑，成為最普遍的咒碑，其中以梵文書寫的就是十相自在圖。

十相自在，即壽命自在、心自在、願自在、資具自在、業自在、受生自在、解自在、神力自在、法自在、智自在。一直以來，被認為具有極大的神聖意義與力量。能令具信者免除、刀兵、疾疫、飢饉及水、火、風等災難。能使所在處吉祥圓滿，眷屬和睦，夜夢吉祥，身心安康，去處通達，所求如願。

據佛經記載，十相自在圖是由蓮花生大師傳入西藏的。在本師涅槃八年後，偉大的蓮花生大師降臨人世間。他曾經親自在香巴拉王國居留兩百年，這期間，他對香巴拉淨土有了詳細瞭解，也完全掌握時輪密法。時輪，即時間之輪，為宇宙太陽系地球上時間、空間、醫法、業力、密咒、密術等許多超越一切不可思議之法門。

西元八世紀，蓮花生大師受邀到西藏傳法，也將時輪根本續帶到西藏。他悲憫一切眾生，以十相自在圖為印章，加持世間所有有情眾生。據說，當他講到西方極樂淨土時，說出了此淨土外，地球上還有四個佛法極興盛的佛淨土，一為東方五臺山文殊菩薩淨土；二為南方普陀山觀世音菩薩淨土；三為西方蓮花生大師所教化的羅剎國淨土；四為北方時輪金剛常住的香巴拉王朝時輪淨土。

蓮花生大師為信徒們開示，本師許多重要的密法傳承，法藏、法寶、唐卡、法器、佛像以及專門給未來世界所使用的密法，及十八萬部佛教最重要的「伏藏」都在香巴拉淨土。在那裡，有著美麗的城堡、虔誠的信眾，人們豐衣足食，生活安樂，從無戰爭、苦惱之憂。

由於蓮花生大師的功德，十相自在圖在藏地廣為流傳，人們普遍認為，十相自在是內、外、別三種時輪的概括。外時輪是指須彌山、四大洲、八小洲等器世間；內時輪是指五慾界、六慾天、十六色界、四無色處邊等三十一有情世間；別時輪是指生起次第所依，能依壇城和圓滿次第的氣脈、明點等。因此，十相自在是集三界器世間一切精華於一體的象徵。在藏地，人們習慣將十相自在圖置於室內、屋外，據說，置於屋簷下可鎮妖，保風水；置於室內可避邪、消災、逢凶化吉，助家族興旺。

每日法語

雲何為舍？謂於所緣心無染污，心平等性，於止觀品調柔正直任運轉性，及調柔心有堪能性，令心隨與任運作用。　　——《聲聞地》

天圓地方之壇城

　　壇城，有「中輪」、「輪圓」之意，梵文mandala，故又譯作曼陀羅、曼荼羅等。

　　古印度時代，壇城本是指國家的領土與奉神的祭壇。後來，密宗修習「密法」時，為了防止「魔眾」侵入，遂築方圓的土壇，安請諸尊於

此以祭供。這一土壇逐漸演變成密宗本尊及其眷屬聚集的道場。本智為主尊，道果功德為眷屬；眷屬環繞本尊遊戲莊嚴，是為輪圓。

為了便於修行，人們常常根據密教修法不同，以金、石、木等材料製成樣式、大小不一的壇城，以表示不同佛世界，以供觀想。又以唐卡形式將其繪製下來，以供懸掛觀想，進而形成豐富多彩的壇城唐卡藝術。傳統上號稱「四曼」，及四大曼陀羅。據《大樂金剛不空真實三昧耶經般若波羅蜜多理趣釋》稱，四壇城分別為：大壇城、三昧耶壇城、法壇城、羯磨壇城。

大壇城，總集諸尊之壇場及其諸尊的形體；三昧耶壇城，以繪製諸尊的標幟和手印為內容，因三昧耶是諸尊的本誓，所以以此表示諸尊的本誓念願；法壇城，則主要圖畫諸尊的種子真言和一切經的文字義理，表示諸佛菩薩種子文字的壇城，故也有種子壇城之稱；羯磨壇城是描繪塑造諸佛菩薩威儀事業的壇城，以及諸佛菩薩的鑄像、畫像和捏像等雕塑。

在四壇城中，大壇城和羯磨壇城同以諸佛菩薩為內容，不同的是，前者大壇城以繪畫平面表現諸佛菩薩，揭磨壇城則以雕塑立體表現諸佛菩薩。

這幅唐卡正是以大壇城形式，描述了神祕的佛法世界。畫面構圖規整，宮殿由內到外層層相套，正中間為主尊佛，外面圖形以水圖案及火焰圖案裝飾。第二層為圓形的金剛圖案、水圖案、蓮花圖案裝飾。表示大海，風牆，火牆，金剛牆，蓮花牆，護城河，內套正方形圖案表示城牆，屋簷，層層深入。最後到達主尊殿，並用紅、黃、藍、白表示東、南、西、北四方，圖案結構複雜，抽象和具象手法並用，裝飾性強，具

有很美的開式感。

壇城的目的是使弟子熟知密續的本尊，讓弟子能夠「進入壇城」，亦即進入本尊安住的狀態。

壇城在藏傳佛教常做為觀想修行之憑藉。實際上，只有在上師的引領下進入壇城的弟子，才算學密入門，可見它的重要性。

相傳，有位密宗高手名聖者耶協，常年修練後，覺得再也沒什麼可修習，遂十分煩惱，便請他的本尊給予指引。

在本尊指引下，他啟程一路往東而去。讓他不甘的是，一路上他並沒發現什麼聖跡，也沒遇到什麼特殊的眾生。就在他心灰意冷之際，遠處山腳下忽然出現一位耕田的老者，還有一位老婦人和一條髒兮兮的小狗。

聖者耶協走了許久的路，早已口乾舌燥，飢腸轆轆，就過去向老者討口飯吃。老人也不言語，從老婦人的籃子裡取出一條魚，先給狗吃了，然後將魚骨頭遞給他說：「吃吧！」

聖者耶協十分憤怒，他怎麼能吃狗剩下的東西呢？於是，他接過魚骨頭後，偷偷地扔掉。

夜裡，聖者耶協無處可去，只得跟隨老者到他家裡休息。他坐在室內精修時，那位老婦人忽然進來對他說，老者可以幫他指點迷津。

聖者耶協很吃驚，他懷疑老婦人的話，可是再聯想本尊指引，以及一路來的心得體會，他不得不硬著頭皮找到老者，並說出自己前來的目的，希望老者能夠給予教導。

老人見他心意不誠，就說：「你只有接受我的灌頂，成為我的弟子，我才會為你指點。」

295

聖者耶協自然不會心甘情願，面露為難之色。老者見此，遂揮動手指，轉瞬間，陋室變成了「妙金剛」的十九個壇城。壇城現象，是密宗修行殊勝聖跡，聖者耶協見此情景，十分驚喜。

這時，老者問他：「願意向誰頂禮？」

聖者耶協想都沒想，對著壇城中的「妙金剛」頂禮不已。

老者不再說話，再次揮手，殊勝的壇城不見了，又是一間陋室，連老婦人和小狗也消失了。

聖者耶協至此恍悟，連忙轉身向老者頂禮，並請求他收自己為弟子。後來，聖者耶協成為佛界八十四成就者之一。

每日法語

雲何輕安？謂止息身心粗重，身心堪能性，除遣一切障礙為業。

——《集學論》

黑閻羅壇城

　　這幅黑閻羅壇城圖，是密宗的供奉物。圖中的閻羅，又稱閻羅敵，是大威德的形象。大威德是文殊菩薩的忿怒形象，曾經征服死神閻魔天，可以降伏上至天界、下至地獄的所有眾生。

　　自從蓮花生大師將密宗傳入藏區，黑閻羅壇城也成為修行者十分重

297

視的供養。蓮師主持修建桑耶寺後，在附近山崖獨自修法時，藏王赤松德贊帶領二十五位僧人前來拜見蓮師，呈上黃金和其他珍寶供養，請求恩准開許諸佛壇城。蓮師答應他們的請求，開示壇城，並一一為他們灌頂。

之後，二十五僧人分別證得蓮師各部教法，獲得圓滿。而赤松德贊，在蓮師開示壇城時，他供養的金花落於壇城的達勒兮魯迦處。於是，他以此修法，證得與大威德金剛無二的心意，而入於三摩地。

但是，蓮師及其密宗受到了當地勢力反對，許多大臣責問赤松德贊：「請佛徒有什麼價值？他們只知道索取，供養給忿怒主尊的食物從來都沒食用過！」

赤松德贊無奈之下，決定籌辦一次辯論大會，讓佛教與當地苯教之間進行比較，看看到底誰更屬害。

苯教徒自恃雄辯，具諸神力，於是大肆宣揚這次辯論會，以期得到更多人關注。

辯期到了，蓮師從修行的山岩中來到拉薩，他身邊結集著眾多弟子。他們搭建棉帳篷，與苯教徒相對而立。這時，赤松德贊說：「諸位，這次辯論大會，將會決出誰真誰假，誰具有更大神通力。大家看好了。」說完，辯論會開始了。

諸佛弟子早有準備，他們的修持已生起堅固，知道一切佛法皆均可能，而且有無止之自在。就見他們各顯神通，以此示現心智發展。

在眾目注視下，蓮花導師將他的斗篷掛在晨曦的曙光上，寂護菩薩投出金剛杵停留於空中一日，其他僧人或者將手中法器留於半空，或者結跏趺坐在虛空，或者馴服猛獸，或者坐在烈火中而不被燒傷。

奇妙的神通震驚所有人，赤松德贊十分激動當眾宣佈：「佛乃聖教，對現在、未來都有利，因此，我希望你們皈依佛教。」然後，他下令以佛法治理國家。

　　從此，佛法在藏區大盛，進入西藏佛教歷史的「前弘期」，不少苯教徒轉投佛教。

　　赤松德贊是文殊菩薩化身，所以他接受蓮師的黑闍羅壇城灌頂，證得全部教授，成為蓮師法嗣。

　　這幅唐卡中，黑闍羅立於壇城中心，他三目六臂，怒目圓睜，一副忿怒形象。在他周圍，由八瓣蓮花圍城圓形，周邊又有方形，是典型的天圓地方壇城圖，畫工精細，色彩濃重，充分體現佛法的神祕與威嚴。

❀ 每日法語 ❀

　　他人出於嫉妒心，非理辱罵謗我等，虧損失敗我取受，願將勝利奉獻他。

——《修心八頌》

死神閻魔轉動生命之輪

　　這是一幅六道輪迴圖，描述了死神閻魔王用口和四肢緊緊握住生命之輪，永不停息轉動的情景。畫面中，死神閻魔形象極為兇猛可怕，他掌控著整個生死大輪，主宰六道內有情眾生，還有天界生命，以及地獄眾生。

　　畫面分為四層，最內層也就是大輪的軸心部分，是一個小圓圈，其內有鴿子、蛇和豬三種牲畜，分別代表貪、瞋、癡三毒。這三種毒念是根本煩惱，也是令眾生生死輪迴不止的根本原因。可以看到的是，蛇和鴿子從豬的口中而出，顯示貪慾和瞋恨源自於愚癡。

　　向外一層，是第二層，整個圓圈分兩種顏色，一半黑一半白。黑色

半環表示眾生因為貪、瞋、癡造成的惡業，死後會投生畜牲、餓鬼、地獄道中；白色半環代表天道、阿修羅道和人道，由於眾生多造善業，死後會以此三道形式輪迴。

再往外，是整幅畫面的主體部分，描述眾生輪迴的處所。這部分共有六格，每格代表六道中一道的情況。以順時針方向來看，上方為天道，依次為阿修羅道、畜牲道、地獄道、餓鬼道、人道。六道之中，根據所受苦劃分，地獄道為最，依次為餓鬼道、畜牲道、人道、阿修羅道、天道。由於阿修羅道中的眾生福報極大，壽命又長，與天界差不多，所以阿修羅道也叫非天。只不過他們妒忌心強，所以不能生於天界。關於此，還有一段有趣的故事。

據說，在阿修羅道中有棵如意樹，長得風姿挺拔，樹身雖在阿修羅道中，樹頂卻延伸到了天界。如意樹頂上結了很多甘甜的果子，天界眾生可以盡情享用這些果實，而阿修羅道的眾生無法上升天界，只能望著果子乾著急，卻一顆果子也吃不到。為此，他們非常妒忌，時間久了，想出了個主意，經常拿著斧頭砍伐如意樹，希望砍斷如意樹，讓天道的眾生無法坐享其成。

然而，這一做法毫無用處，因為眼看如意樹砍斷了，天界眾生只要灑下一滴甘露，樹又重新活過來，很快長到天界上去。這讓阿修羅道的眾生更為生氣和妒忌。

讓阿修羅道眾生氣憤的還有，天界的有情常對阿修羅世界中的女色垂涎，時常前來搶奪女子，這些原因歸結到一起，也就導致阿修羅不斷向天界宣戰。

說到這裡，需要看看天界情況。天道眾生享樂無窮，卻也有苦難纏

身。他們會受到來自阿修羅的挑戰，還會受到更大天神的欺負，也會因為不及其他天神產生自卑感。更讓他們痛苦的是，他們會預見未來，得知自己將要墮入地獄時，會產生無比的恐懼心理。

可見，六道中最本質的東西是苦，上至天界，下至地獄，無不為苦所苦。

在生命之輪的最外層，是十二個小格子。這些格子中的畫面講述了眾生在六道中生死流轉的運作過程，即「十二因緣」。從最頂端右邊小格子開始，順時針依次表達的是無明、行、識、名色、六入、觸、受、愛、取、有、生及老死。它們互為引發，互為因果，串成令眾生頭昏腦脹，不知情地不斷作業、不斷生死輪迴，並無首尾前後之分。

從本幅唐卡可以看到，唯一超脫生命之輪的是佛陀，他站在生死之輪圖主體以上，表示早已脫離生死、六道輪迴及閻摩死主的控制，得到了無苦的自在境界。他用手指著兩段偈文及一個月亮，是在引導眾生依偈文中的教法去修行，自然也會得到像他一般無苦的自在境界。這裡，月亮正是代表了無苦自在境界。

此圖通俗地說明了佛教輪迴思想，以勸戒和引導更多的人從善、修法、積德。

每日法語

如汝知我想，如是觀諸法，一切法自性，清淨如虛空。由一知一切，一能見一切，故盡說多法，於說不生慢。　　——《三摩地王經》

最大的時輪壇城

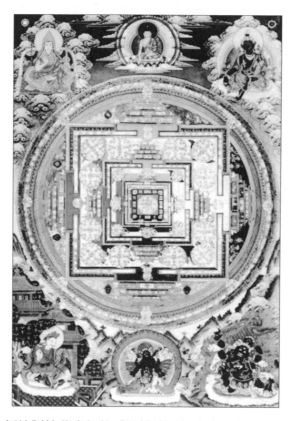

　　這是一幅繪製技藝高超的《時輪壇城》唐卡，整個畫面色彩要求嚴格，配色和諧，壇城上方北為黃色，下方南為綠色，左方西為紅色，右方東為白色，採用了冷暖對比的手法，不僅立體感特別強烈，而且分別具有不同的深刻寓意。壇城分為裡外三層，以時輪金剛為中心，共設

303

有六百二十個佛位，屬於最大的壇城，四角分別畫有密集金剛、喜金剛和勝樂金剛等本尊像，線條流暢，手法細緻，不愧為早期唐卡藝術之佳作。

通俗地講，時輪壇城是時輪的莊嚴佛國模型，也是內外時輪和道果時輪的象徵，因此造壇和入壇都具有非常深刻的含意。

大成就者嘎巴拉大師的故事，就是修習時輪壇城的典型事例之一。

嘎巴拉是位一般百姓，有五個孩子，由於前世業力，妻子和五個孩子先後去世。他將他們的屍體運到屍陀林後，坐在地上痛苦哭泣。

這時，納波傑巴大師經過，問他發生了什麼事情。嘎巴拉就將自己的遭遇告訴了他。

納波傑巴大師聽了，對他說：「不是只有你遭受這樣的痛苦啊！三界輪迴中的眾生誰不是處在這樣的痛苦中呢？再悲傷也沒有用，你應該努力修持佛法。難道你對輪迴中的生生死死還不感到恐懼嗎？」

嘎巴拉回答：「我對此已經深感恐懼。請您教我可以解脫的法門，讓我脫離生死之苦。」

大師為他灌頂時輪金剛的壇城，開示了生起圓滿次第的口訣，並教他具體修持的辦法，這就是用他孩子的骨頭做成六骨飾來穿戴，將妻子的頭骨切下來當托缽。大師說：「頭骨就是生起次第，頭蓋骨中的虛空就是圓滿次第。」

嘎巴拉依照大師教授修持，精進不懈，九年後，他能夠做生起圓滿二次第的雙運禪修，得到了證悟。這時，他已有多名弟子，一天，他告訴弟子：

「吾乃頭骨瑜伽士，

吾見諸法之本質，

證悟與頭骨無別，

住於任運自在中。」

說完，他身體升騰進入虛空，舞蹈不墜。至此，大眾對他生起了信心，稱他為嘎巴拉大師，即有頭骨的人。他利益眾生無量，最後帶領諸弟子升入卡雀空行淨土。

這一故事說明時輪壇城的意義。時輪壇城意思是極其圓滿，包括空性及一切實體的諸佛淨土。對眾生來講，都希望遠離災難，增加福報。那麼根據佛陀證悟的因果規律，只有修持時輪續，廣結善緣，才能脫離輪迴之苦，往生佛國極樂淨土。

每日法語

能善分別諸法相，於第一義而不動。　　——《維摩經‧佛國品》

前藏佛寺圖

　　這幅繪製在布料上的唐卡，描繪了前藏即拉薩和山南一帶的主要佛教聖地，故稱《前藏佛寺圖》。畫面中有布達拉宮、大昭寺、桑耶寺、甘丹寺、沙拉寺、哲蚌寺等著名寺院。由於甘丹寺、沙拉寺、哲蚌寺都是格魯派重要寺院，所以這幅唐卡應該是格魯派傳承唐卡。

　　西藏寺廟修建，起始於松贊干布時期。松贊干布在赤尊、文成二公主協助下，先後修建多處寺院，其中大昭寺、小昭寺的修建過程，充滿了傳奇色彩。

　　當初文成公主從西安遠嫁西藏，帶著釋迦牟尼十二歲等身佛像，她一行人路過吉雪沃塘時，乘坐的馬車陷入沃塘湖北庫的熱木齊沙灘。大

力士天喜、龍喜使出渾身力氣，也不能拉出車子。懂得卜算的文成公主經過測算，得知沙灘下面有個龍宮，佛祖為了鎮壓惡龍，才決定留在這裡，所以馬車停留不前。

文成公主與松贊干布成親後，一直沒有忘記這件事，決定在熱木齊修建一座大唐風格的神廟，專門供奉佛祖釋迦牟尼。

赤尊公主聽到這一消息後，十分動心，原來她進藏時帶來了釋迦牟尼八歲等身像，她也想修建寺廟供奉佛祖。於是，她請文成公主幫忙，替自己選擇一處理想的建廟處所。

文成公主聽了赤尊公主的想法，非常高興地答應，她攤開五行推算圖，仔細算了又算，然後得出令人震驚的推論。雪域藏土是魔女仰臥之相，吉雪沃塘正是魔女的心血所在。而紅山、鐵山和磨盤山是魔女心上的骨頭，為了能夠鎮壓魔女，必須在沃塘湖上建廟，這樣會使得藏區永得安寧，而吉雪沃塘由於天現八幅法輪，地呈八瓣蓮花，周圍的山像吉祥天八寶，一定會成為豐饒富足的好地方。

赤尊公主聽聞此言，不免心生猶豫，因為在湖上建廟，首先需要填湖，這可是個大工程啊！她將自己的擔心告訴松贊干布，請他裁奪。松贊干布聽完，哈哈笑著說：「文成公主講得好啊！我看立刻動工吧！」

就這樣，松贊干布親自調集軍民，請來尼泊爾和唐朝工匠，一邊在沃塘湖填湖建廟，一邊在熱木齊沙灘建廟。沃塘湖附近，先將湖水排向南面的沃吉曲河，然後一隊隊犛牛、騾馬，開始從北郊還娘熱、多底等山溝駄運土石填湖。為了加快運送速度，白山羊也加入到運土隊伍中。這一奇觀令人驚嘆，一時間，雪域高地上駄畜絡繹不絕，熱鬧非凡。

湖水填平，打好地基後，工匠們從北面的山上砍伐了又長又粗的樹

木，透過河水漂流到沃塘。準備好了木材，工程進行得十分順利，一年之後，一座兩層樓高的神廟建成了。神廟高大壯觀，像一艘巨船航行在河流中，赤尊公主親自供奉釋尊八歲等身像，這就是著名的大昭寺。由於白山羊參與了運土工作，所以一開始這座神廟取名「熱薩珠龍祖拉康」，意思是羊土幻化寺。

就在同時，熱木齊沙灘上也聳立起一座雄偉壯觀的神廟，這就是文成公主親自勘察、設計，並指揮施工的小昭寺。不過，一開始這座廟取名「甲達繞木齊」，意為漢虎神變寺。

大、小昭寺同時開工，同時竣工，同時開光，實為佛教史上的壯舉。

後來，赤德祖贊迎娶了大唐金城公主。金城公主將文成公主帶來的釋迦牟尼十二歲等身佛像迎請到了大昭寺主殿，並制訂了一整套供養祭祀儀軌，在紅山和藥王山之間修造了稱為「巴嘎噶林」的三座大白塔，形成進入拉薩的大門。如此一來，赤尊公主帶來的佛像就被請到了小昭寺中。

每日法語

由無間瑜伽，精勤修靜慮，如數數休息，鑽木不出火，瑜伽亦如是，未得勝勿舍。
——《攝波羅蜜多論》

第一寺廟迦業寺

　　釋迦牟尼曾經上天說法，在他升天期間，人間四眾找不到他，非常著急和恐慌。很多人來到佛祖講法的地方，向阿難詢問他的去處：「佛祖現在在哪裡？」

　　阿難並不知情，他哀愁地答道：「我也不知道佛祖在哪裡啊！」

當時，有兩個國王——優填王和波斯匿王特別想念佛祖，他們十分憂愁，以致於快要病倒。為了能夠消解自己的思念之情，優填王召集全國的能工巧匠，要他們塑造佛祖的肖像，以供瞻仰。巧匠們來到王宮，得知國王的意願後，十分為難地說：「國王陛下，巧工難作佛妙相，佛的相貌是無法表達的，恐怕我們只能描摹十分之一。」

優填王說：「不管怎樣，你們一定要盡力。」巧匠們只好遵命行事，在他們心目中，所有的佛在講法或者做佛事時，都是坐著的，所以就選擇純紫旃檀木，造了一尊坐獅子座的跏趺像。

這件事傳到了毗首羯摩天人耳中，他知道人間巧匠無法表達佛的形象，就變為巧匠，帶了雕刻的工具，來見優填王：「我能為大王刻造佛像。」優填王聽聞很是歡喜，他對天匠說：「仁者為造佛像，一定要與佛陀之形相似。」

此時，目犍連也來到王宮，他運用神通，與天匠一起到了忉利天，將佛祖的相先繪製成圖，然後下來依圖刻像。沒過幾日，功成圓滿，他們造了一尊高七尺，面目、手足皆紫金色的佛像。優填王見到佛祖的肖像後，心裡歡喜無比，一切煩惱全都不見了。

從此之後，世間就有了為佛造像的歷史。

再說佛祖，他在忉利天宮說法九十天圓滿，對天帝及四眾說：「我再過七天就要回返下界，到伽屍國的大池水。」天帝聽了，忙命自在天從須彌山頂至池水鋪了三條道路，分別用金、銀、水晶鋪成，讓佛祖踏著這些路徑下界。

佛祖下界的消息傳到印度各國。其中伽屍國波斯匿王、拔嗟國優填王、摩伽陀國頻沙王、五都人民之主惡生王、南海主優陀延王，他們一

起趕來迎接佛祖。五位國王頂禮佛足，並獻上供養及珍貴之品。優填王更是頂戴佛像向佛祖頂禮。這時，奇怪的事情發生了，就見這尊旃植木像竟然從座而起，如生佛足一般，升入虛空當中，就見寶花紛落，身放光明，他來到世尊前，合掌向佛作禮並說了一道偈語：

佛在忉利天，為母說法時，天匠造我像，遠聞善法堂。

三十三天眾，同音皆隨喜，未來世造像，獲無量勝福。

說完偈語，木像躬身低頭，來到長跪合掌的佛陀近前。佛祖明白了，他為木像摩頂授記，並說：

「我滅後一千年，將在這塊地方為人天做大鐃益，我的諸多弟子，都會像你一樣。如果眾生在佛滅後，能夠為他造像持幡，並予以供養，那麼他的來生，必會得到佛的光照，遠離苦難。」

優填王聽罷，向佛祖請示道：「以前的三世諸佛滅渡後，他們的造像還存在嗎？」

佛祖回答說：「我以佛眼觀天下，看到十方三世諸佛滅渡之後，為他們造像的人都生在了十方佛前，沒有一人還生活在凡間。只有為菩薩造像的人還有留在世上，比如頻沙王就是其中之一。」

這時，旃檀佛像對佛祖說：「請世尊前行，進精舍入座。」

佛祖卻對像說：「不能這樣。我終有一天要入滅；我滅後，你在世間應當長期地為大眾謀福利，如果我在前，你在後，那麼有人必定會輕視你。」他堅持佛像在自己前面。

經過再三遜讓，最後還是佛像在前先進，歸於本位。

之後，佛祖移住一處小精舍內，與佛像分處而居，相距約二十來步。優填王見此情景，更是喜不自勝，從沒有過的歡喜。

　　後來，五位國王又請示佛祖，如何造立供養佛像的地方。佛祖伸開手指向地面，就見從地中升起一座迦業佛寺。五王看了，以之為法，建了一座大佛寺，安置佛像，然後禮拜。

　　這幅唐卡正是描述佛陀升天說法，返回人間，受到眾生歡迎的場面。在畫面前下方，赫然一座佛塔，正是告訴世人建寺造像的由來。

每日法語

　　爾時無罪具十力，勝者說此勝等持，三有眾生猶如夢，此中無生亦無死，有情人命不可得，諸法如沫及芭蕉，猶如幻事若空電，等同水月如陽焰。全無人從此世歿，而更往去餘世間，然所造業終無失，生死異熟黑白果。既非常住亦非斷，無實造業亦無住，然既造已非不觸，亦無他造自受果。

　　　　　　　　　　　　　　　　　　　　——《三摩地王經》

佛祖圓寂多吉丹佛塔

　　這是藏傳佛教中常見的塔群圖唐卡，名為《多吉丹佛塔圖》。「多吉丹」是藏語音譯，意為金剛座，是菩提道場，象徵堅固、永恆。該塔位於印度伽耶，被認為是釋迦牟尼涅盤的地方。

　　釋尊前後說法四十五年。共談經三百餘會，渡人無數，到了世壽

313

八十歲的時候，三藏教典已經盡備，四眾弟子普沐教澤，渡生之事漸畢。他自知肉身已老，不可強留。一天，他帶著弟子們到了拘屍那伽城外娑羅雙樹林間，這地方四面各有兩株娑羅樹，枝枝相對，葉葉相映；中間綠草如茵，上下野花如錦；香氣四溢，清幽宜人。

釋尊命弟子阿難在雙林中設席鋪床，然後頭北面西，右脅著席，疊足安臥，示以即將涅槃。弟子們見此，無不傷感，他們推選阿難為代表，向釋尊請示四件事：佛滅後依誰為師？依何安居？又該如何調伏那些惡行比丘？怎麼樣結集經典令人證信？

釋尊聞言，開示道：「依戒為師；依四念處為安住；惡性比丘默擯；在經典前冠以『如是我聞』四字令人證信。」言畢，忽有外道婆羅門須跋陀羅趕來，他是求釋尊渡化的。

須跋陀羅原為古印度拘屍那城的一名外道婆羅門，他聰慧多智，修習已得五神通。這年他年滿一百二十歲，聽說佛陀將在娑羅林中涅盤，於是急忙趕來拜謁，希望佛陀能夠解答他心中的困惑。

可是阿難攔住了須跋陀羅：「不可以啦，不可以啦！佛陀非常疲憊，不要以問題來煩擾佛陀。」但是須跋陀羅一心求見釋尊，不聽勸阻，一次又一次請求。這時，釋尊雖在病中，早已料到須跋陀羅的來意，說到：「阿難！你不要阻止他，讓他進來吧！他是來問我修法之事，不是來打擾我的。他會證得我傳授的法。」

果然，釋尊聽了須跋陀羅的問題，為他講授八聖道等佛教奧義，消除他心中懷疑，並命阿難為他剃渡。須跋陀羅成為釋尊最後受渡的比丘，他精進修法，不久證得阿羅漢果。

釋尊渡化須跋陀羅之後，對著弟子說出最後一句話：「一切的行業

都是無常的，你們要完全脫離，不可放逸！」然後他進入涅槃境界。

眾生得知釋尊涅槃消息，紛紛從四面八方趕來，瞻仰釋尊遺容，緬懷釋尊功德。七日後，由大弟子摩訶迦葉主持了葬禮，在拘屍那伽城天冠寺舉火焚化。薪盡火滅，摩訶迦葉取出舍利（高僧遺體焚燒後留下的珠狀物），分為八份，用淨器裝盛，分送八國造塔供養。

大約一百年後，人們在釋尊涅槃處建造佛塔，以示供仰。這就是多吉丹佛塔，此塔造型別致，規模宏大，大塔居中，四周小塔林立，有一千多個佛龕，供奉著一千多尊佛像，大塔中央是釋尊等身像。這幅唐卡完全展示了多吉丹佛塔的造型特點，畫面上人物、圖案、故事場景眾多，均用工筆微畫手法繪成，有的人物高度不及一公分，然眉清目秀，舞姿、神態被描繪得十分精細生動。

每日法語

當我們心志不清、精神不悅時；當我們不樂為善時、歡喜作惡時，是利器之輪，迴轉到我們身上，惡作還得自受。直到現在，我們總是誤導他人為非作歹。從今以後，讓我們不再成為作惡的助緣。

——《利器之輪》

四大洲及風火水土

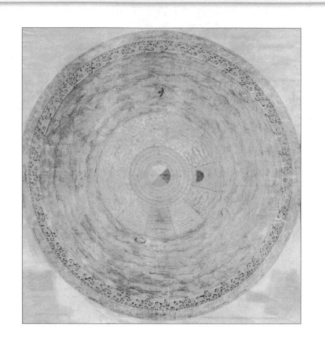

　　這幅唐卡圖外層是風火，內層為水土，水中畫有各種生物，以代表生命。圓環形的圖案表示永遠繼續之生死。佛教認為，地球是由風、火、水、土、空五種物質和七金山、須彌山等構成的。世界之最下為風輪，其上為水輪，再其上為金輪，即地輪。其中須彌山是整個地球的中心，在它的四周分佈著四個部洲，這就是四大部洲。四大部洲包括南贍部洲、北俱盧洲、西牛賀洲、東勝神洲。南贍部洲的人壽命最短，生活也最為貧困；北俱盧洲的人壽長福大，生活安逸，但沒有佛法，無法脫

離生死之苦，因此眾生切不可往；西牛賀洲豐饒富厚，但也沒有佛法，因此那裡的人也不能脫離生死之苦，應趕快離開；東勝神洲雖得安樂，但無佛法，亦在生死圈中，那裡的人也應該警覺。

可見，四大部洲是佛教的宇宙觀，在佛教中有很多關於四大部洲的故事。

有一故事說，久遠劫之前，有位國王的太子名金鎧，自幼心懷慈悲，又有高強的武功，常常救人於危難之中。有一次，他的妹妹金光因為貪念情慾，與一位大臣的兒子欲精私通，觸怒了父親國王，國王打算處死他們。

金鎧聽說後，趕到處決現場去見妹妹。這時，大臣的兒子欲精說：「我死不足惜，只是連累了金光。誰忍心看她被殺啊？何況她是你的妹妹，因此我冒昧求你保護她。」金光聞言，對著哥哥泣不成聲。金鎧聽此言，見此景，生起悲心，攔住行刑的人，不讓他們殺害金光和欲精。

行刑者十分為難，對金鎧說：「太子，我知道您心地慈悲，可是這是國王的命令，誰也不敢違抗啊！我要是不殺他們，國王會殺了我。而且，我勸您也不要多管閒事了，不然國王也不會饒了您。」

金鎧聽了這話，義正辭嚴地說：「對我來說，解救他人的危難是義不容辭的，我不會顧及個人安危。」說完，他拿起弓箭逼令行刑者趕快離開，自己帶著妹妹和欲精向遙遠的山林去了。

國王聽說太子劫了法場，怒不可遏，急忙命令軍隊前去搜捕三人。軍隊中有金鎧的朋友，他們出面勸說金鎧，不要和國王作對，趕快將金光和欲精送回去。金鎧不聽勸阻，手挽弓箭來到軍隊前，大聲說：「你們不要做這些無意義的事了。皈依我的人，我會捨棄性命予以保護

的。」

　　將士們早就知道金鎧過人的威力和高尚的情操，於是紛紛議論：
「太子威力過人，我們與他動手，未必打得過他。而且太子是國王的兒
子，要是我們真的殺了他，國王肯定會後悔。現在來看，太子執意不聽
勸阻，我們不如先回去稟報國王。」商量完，他們果真返回去見國王。

　　金鎧見軍隊離去，帶著金光和欲精繼續趕路。他們路過一座空城
時，遇到一位漂亮的姑娘採摘鮮花，不由得上前詢問。這位姑娘見到來
人，面露驚恐，向他們訴說了自己悲慘的身世，原來她是這座城中的一
位公主，不幸附近有六十夜叉作怪，專門吃人和畜生，竟然將一城男、
女、老、幼、以及所有畜生吃光。最後只剩下公主一人，被夜叉抓來做
了僕役，服侍他們。說到這裡，公主緊張地對金鎧三人說：「你們千萬
小心，不要碰到那些夜叉。」金鎧聽說此城劫難，悲心大動，恨不能立
即除掉夜叉，為眾生謀利。因此他沒有躲避，反而等待夜叉出現。

　　到了晚間，夜叉果然出現，他們張著血盆大口打算吃掉金鎧三人。
金鎧彎弓搭箭，在不離大悲心之心態中與眾夜叉激烈交鋒。結果，因為
金鎧福德力感染，夜叉無法傷及他。可是他射出去的箭，卻箭箭穿透夜
叉身體。

　　金鎧手中的箭源源不竭，一支接著一支射向夜叉，最後，夜叉無力
招架，紛紛投降，並恭敬地請求金鎧放下弓箭，然後他們獻上珍寶供
養。金鎧降伏夜叉，和金光、欲精居住下來，從此，此地逐漸聚集眾
生，慢慢恢復生機，很多外地人聽說此地情況後，也遷移至此。

　　此地眾生感服金鎧之功，推舉他為國王。此時，金鎧的父親聽聞了
金鎧的所為，特地派遣使者前往對他說：「你以大威力降伏夜叉，主持

國政，這可是少見的事情啊！」

　　金鎧卻說：「降伏夜叉並非了不起的事，我還想降伏常人難以降伏的煩惱，在涅槃之城登上如來法王位。」

　　使者聞言，不由得擊節讚嘆。

　　後來，金鎧讓欲精做了國王，自己則精修佛法，逐漸成為四大部洲國王，以佛法治理國家、利益眾生。

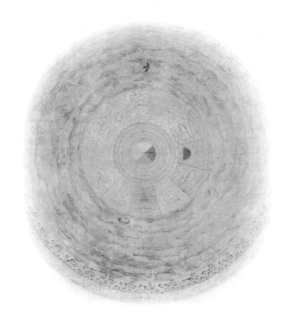

🌸 每日法語 🌸

大慧，無自性生，我密意說一切法無生。　　　　——《楞伽經》

天體日月星辰運行圖

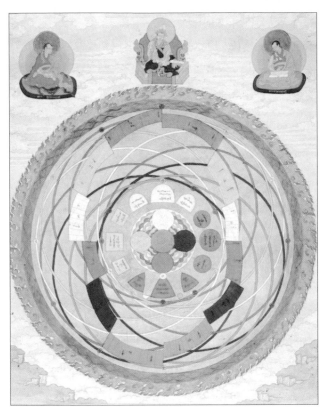

　　近萬年來，藏民族在西藏高原獨特的環境中繁衍生息，逐漸形成了
自己獨特的世界觀和宇宙觀。這幅唐卡就是藏族人繪製的天體日月星辰
運行圖，充分表現了藏傳佛教的宇宙觀，以及天文曆算知識。畫面上
紅、黃、藍、白、黑五色，分別代表了火、風、水、土、空五種構成宇

宙的元素，它們交錯運行，不僅形成了宇宙，也誕生了眾生的生命。

《時輪曆》指出，天穹像一把大傘，在風力推動下永不止息地向右旋轉，最高處與須彌山相接，四周減低，最低處與馬首火山相接。天穹大傘的傘面並不平坦，十二宮就像它的肋骨，二十七宿則如鑲嵌其上的寶石，它們隨同傘體一同運轉，每晝夜轉一圈。

可見，十二宮和二十七宿在天穹中的位置是固定不變的，這類天體都是恆星；在天穹中還有一類天體，它們的位置常常變化，藏曆法稱它們為「十曜」，包括日、月，火、水、木、金、土五星，羅睺頭、尾，長尾彗星。它們具有生命，其中太陽、月亮是天神，五星是仙人。羅睺是阿修羅，彗星是阿修羅的化身。

十曜各有自己主動地依照著一定的軌道和速度旅行，這種主動的旅行為「本身行」，它們行走的方向，除了羅睺頭、尾與宮宿運動的方向相同外，其他八曜都是朝著相反的方向左旋的。由於運動的速度不同，所以回到相對於原位置宮宿的週期也不同。

在藏地，時輪曆法的出現時間較晚，約在一千年前，「時輪金剛」由印度傳至西藏，至今不少寺院仍把《時輪經》做為學習天文曆法的基本教材。當「時輪金剛」傳至一位後藏大修行者更蚌・圖傑宗哲（西元1243～1313）手裡時，他在今西藏日喀則拉孜一山溝裡，創建了對保持時輪脈系永不中斷具有特殊意義的覺囊寺，覺囊派之名亦由此而來。直到十四世紀才得到廣泛承認。這幅唐卡頂端坐著的三位高僧，分別是迦瑪派第三代祖師讓瓊多吉、大譯師布頓、大師宗喀巴，正是在他們努力和肯定下，時輪曆法才得到肯定，並廣泛傳承。由於此曆法完整的天文曆算體系，包括日月食和五大行星運動方位的推算方位，也由於天人

相應、內外結合的特殊修證方法，十七世紀藏文大藏經中將其列為首函第二篇。

藏傳佛教非常重視時輪曆法，這是因為佛陀菩提樹下成佛時，正值羅睺入食月輪，即月食。此後，所有修行者都在月食之夜登密道之階梯，升三身之高堂。《陀羅尼集經》說：「求聞持經等密軌，往往明白地預期日月食以求悉地。」明確說明按照時輪經的方法去修行，在日月食之日會獲得成就。

由於密宗講究氣息運行的經脈，最主要的是中脈和左右的薑瑪、汝瑪兩脈，左右兩脈內的氣息運行與日、月的運行相應，中脈裡的氣息與羅睺的運行相應。三脈的氣息相遇的時刻與日、月食相應。

《時輪曆精要》裡說：「佛於顯密經教多處垂示，月食時善惡作用增長七俱胝（梵語koti千萬）倍，日食時增長十萬俱胝倍。此土雖不見食，他洲見食者亦能增長。是故一切明智之士，凡際此刻，皆應加行（加倍努力）修習生起次第、圓滿次第、『入尊』諸法，以及唸誦、朝山、佈施、放生等善事。」

每日法語

當我們一學習就心中疑惑時，是利器之輪，迴轉到我們身上，惡作還得自受。直到現在，我們總是漠視修習佛法、等閒視之。從今以後，讓我們建立聞、思、修學佛法的習慣。　　　——《利器之輪》

人體發育圖

在西藏藏醫學院圖書館裡懸掛著一幅數百年以前繪製描述人體胚胎發育的藏醫「唐卡」——《人體發育圖》，描述了人體受孕、妊娠反應、胎兒發育過程中出現的「魚期、龜期、豬期」的順序，與脊椎動物、魚綱、爬行綱、哺乳綱和人類的進化順序一致。

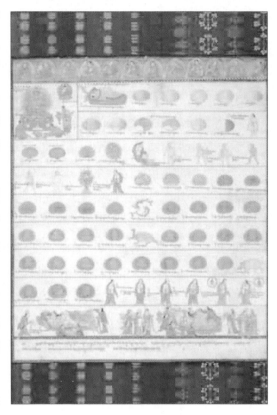

《人體發育圖》是古代藏醫為解說藏醫藥經典著作《四部醫典》而繪製的八十幅彩色掛圖之一。此經典創建於西元八世紀，而其中的繪圖是西元十七世紀南桑吉喜措負責繪製。

南桑吉喜措是拉薩北郊娘熱地方仲麥人。從八歲開始，在五世達賴喇嘛尊前，拜謁佛面、聆聽佛語。後來跟隨大學者班丹平措習字、讀書，並在達爾巴譯師那裡學習曆算、聲名學，並且掌握數學知識。在學

習過程中，南桑吉喜措逐漸喜歡上醫學，表現出濃厚興趣。

為了進一步提高醫學知識，南桑吉喜措拜倫頂·朗傑多吉為師，研習植株、區點陣圖、藥物識別等理論，經過刻苦研讀，十八歲時能夠熟背《紮塘四部醫典》中的三部醫典——《根本續》、《論說續》、《後續》。《紮塘四部醫典》是應強俄囊索達傑之請，在五世達賴喇嘛時期木刻出版的醫學，五世達賴賜有跋文。

在學習背誦《紮塘四部醫典》時，南桑吉喜措不只死記硬背，還善於思索和鑽研，從中發現了許多疑點。這讓他十分疑惑，經過嚴密分析，認定其中必有錯誤，於是將這些問題一一稟達五世賴喇嘛。

五世達賴非常重視這件事情，降旨任命他為「第司」之職，專門負責醫藥方面的問題。並命他對《紮塘四部醫典》予以更正。

南桑吉喜措受命後，即可對該書中的章節遺漏、混亂以及只說症狀而未談療法、錯別字等問題，加以詳細研究。在這一過程中，他廢寢忘食地工作，參考了大量醫書，其中包括《時輪》等續典、《金光明經》等經典、《事教》等律藏、《達巴經》等現觀、《壽世經》等印度譯著、《月王藥診》等漢地譯著、《甘露巨瓶》等掘藏著作、《比奇黃函》等西藏早期醫典和《四部醫典·玉妥恰尺瑪》及其《色鑒（金注）》、《松鑒》、《瑪爾鑒》、《普頓瑪》等注釋、宗嘎版、達丹（永住）版、普東版以及舊手寫本等雪域大部分醫典的內容。他將這些醫典書籍與《紮塘四部醫典》中的內容對比揣摩，予以認真釐定，然後重新刻印發行《四部醫典》，並賜刻版頌詞禱文。文中寫道：妙哉聖續如意寶，強蘇智者雖擦拭。依靠薩惹之勤慧，洗淨所餘之污點，重刻醫典勝意寶，願施法財之成就。該版本發行後，被藏醫界視為一部不可多

得的聖典。

除了更正《紮塘四部醫典》外，南桑吉喜措三十五歲時，還著手撰寫《《四部醫典》釋論·藍琉璃》一書，用了大約一年時間完成。這本書與箭一樣長，一千兩百多頁，可見他的工作量之大。

值得一提的是，《藍琉璃》中有許多與現代科學相吻合的理論。比如在論述身體的構成時，認為身體構成要有四因、五大種。五大種又分粗、細兩種。這些微細的五大種不能被肉眼所見，只有瑜伽現量所見。這些細微的東西一瞬間聚合在一起，即孕育胚胎。另外在胚胎學理論中分為龜、魚、豬三個時期，即為爬行動物、水中動物、哺乳動物三個階段。這個理論的提出早於英國著名生物學家達爾文所提出的進化論。對藏醫胚胎學的理論，曾經得到國內外的認可。

書中還對解剖學知識做了詳細描述，認為男女的心臟居左而朝下，白色橫膈膜的尖部朝下；胃部大都被肝臟所遮，其下有脾臟，胃部不太明顯；從大腸至膀胱均為腸道等等。有關藏醫解剖學的理論，在此之前尚未見記載。這些精闢的理論在實際的解剖當中得以證實。所以，《藍琉璃》被許多學者做為依據，並視為非常道地的醫典。

每日法語

行者常觀前人本末因緣，或於過去為我父母，養育我身，不避罪福，未曾報恩，何須起嗔！或為兄弟、妻子、眷屬；或是聖人，昔為善友；凡情不識，何須加毀！

──《成實論》

藥王山

藥王山，藏名夾波日，意為「山角之山」。在布達拉宮右側，與紅山咫尺相對，兩山之間由一座白塔相接，底層是門洞，是拉薩城的門戶。

創建藥王山，是藏醫史上的一件大事。在藏傳佛教中，藥師佛一直很受推崇，藥師佛的壇

城，也被看成一個充滿傳奇色彩的醫藥世界。在這幅唐卡中，藥師佛居於壇城中央，身體呈藍色，四周是求學者及動植物分佈圖，色彩絢麗，繪圖精細。藍色是西藏傳統習慣裡最利於健康的色彩，表現出人們對健康的渴望之情。

儘管藥師佛備受敬重，可是藏醫學發展一直不是非常順利。到了桑結嘉措任職醫藥官時，藏地醫學雖然名揚三界，但實際藥物識別、著書立說等方面顯得非常薄弱。當時，雖有一些醫書典籍，可是很多遭到毀壞，還有不少存在錯誤，而且這些書籍無法得到宣講，沒有一處地方用來傳授醫學知識。更令人傷心的是，負責醫學的僧侶得不到重視，常常受人欺負。桑結嘉措注意到這種情況，一心想創建一所傳授醫學典籍的地方，經過多方考察，他向當政機關提出一個請求：修建藥王山，讓醫學僧侶可以安寧地學習治病知識。

　　這個請求得到滿足，准許寺院內部修建專門供醫藥所用的殿堂。桑結嘉措非常高興，很快開始在大哲蚌寺西殿修建第一座醫學殿堂。可是由於經費和人手不足，這次修建工作未能堅持，只好半途而廢。

　　桑結嘉措沒有放棄自己的心願，積極進行第二次籌備工作。這次，他將地點選擇在布達拉宮右側的一個山頂上，這裡本來有一座寺院，可是大殿已經破舊不堪。於是，桑結嘉措帶人進行全面維修。這次維修雖然規模不大，但是他十分認真，他吩咐維修人員對原有的十六根柱子全部繪彩圖，在主壁上繪大上師、無量壽佛，在西、南、至中東面上繪自古以來的各種醫學傳承世系，在東半壁及北壁上繪五行曆法的傳承世系，而且十六根柱子上各繪十六羅漢，樑上寫上藥師佛總持咒……這一切維修使得大殿煥然一新，並充分體現了藏醫的特色。從此，這座山就被稱作藥王山。

　　藥王山修建完工，桑結嘉措制訂並頒發了各項規章制度，他特別允許無論僧俗，任何人都可以進入學習。一開始，前來藥王山學習的人不過三十人左右，後逐漸擴大，增至七十位僧人。在這裡，由專人講授各

種醫典，行續義及其補注的考試。成績優秀的僧侶在傳昭會及法會上可以獲得「曼讓巴」的稱號，為日後行醫做好準備。

為了弘揚藏醫，桑結嘉措經常親赴藥王山講授繼義及其釋論，他非常注重實踐，經常把學員們帶到拉薩北部的桑宜、多底、司美拉、路那菜等地，親自為他們傳授草藥識別。這一傳統後來由藥王山卓翮林及藏醫院繼承下來。很多醫藥官小時候，都曾隨恩師一道去採過藥，聽恩師講述過去的歷史，並在藏曆七月一日頭一天的採藥日，在桑宜的第司寶座旁搭好帳篷、歇息進食。按慣例由格烏倉‧日追為眾醫生上茶送飯。同時還宣讀由第司大師編撰採藥期間的規章等。

第司桑結嘉措的這些舉措，使一批醫生得到實際的學習鍛鍊，很快得以成長，使得藏區醫學事業後繼有人，源遠流長。如藥王山新僧阿旺嘉措、紮傑仲巴桑傑斯珠（該師後來任七世達賴格桑嘉措之太醫）等。這些學員都要通過《四部醫典》的考試，有時由達賴親自進行考試，要求之嚴，可見一斑。總之，第司桑傑嘉措創建藥王山的陽光雨露，使得藏醫這朵高山雪蓮之奇葩，迎風怒放、萬里飄香，驅病除魔，光照千秋。

🌸 每日法語 🌸

勿近愚癡人，應與智者交，尊敬有德者，是為最吉祥。居住適宜處，往昔有德行，置身於正道，是為最吉祥。……依此行持者，無往而不勝，一切處得福，是為最吉祥。

——《吉祥經》

須彌山

佛界認為，須彌山是地球的中心，關於此山的由來，藏地苯教有個悠久的傳說。當初，有位國王擁有地、水、火、風、空五種本源物質，法師赤傑曲巴將它們收集起來後，放入體內，並輕輕地哈了一聲，吹起風。風以光輪的形式旋轉，出現了火，火越燒越旺，熱氣與涼風相遇產生了露珠，露珠上

的微粒被風吹落，堆積成山。這就是須彌山。

這幅唐卡以恢弘亮麗的色彩，極富動感的畫面描繪了須彌山的形成過程，十分引人注目。實際上，在佛家看來，須彌山並非真正的山體，它存在於人們心裡，是心的反映。在《阿含經》裡，曾記載小小一粒米飯的力量相當於一座須彌山的故事，說明以般若智慧觀照，等無差別的佛理。

有對貧窮的夫婦，住在破舊的窯洞裡，家徒四壁，夫婦倆只有一條衫褲可穿。一天，他們聽說佛陀帶著弟子到附近托缽乞化，十分歡喜，

商量著說：「以前我們不知道佈施種福田，所以淪落到今天這種樣子，現在佛陀親自來教化，我們可不能錯過佈施的機會了。」

話是這麼說，可是當他們商量佈施何物時，妻子不由得嘆息起來：「家裡一無所有，拿什麼佈施啊？」

丈夫環視室內，雖然心中難過，卻依然堅定地說：「就算餓死，我們也不能錯失這次機會，折損福德因緣。」說完，他看了看家裡唯一完整的東西——那條夫婦倆合穿的衫褲，對妻子說：「就拿它供養佛陀吧！」

丈夫的提議得到妻子贊同，夫婦兩人拿著衫褲高高興興地佈施。眾比丘們見到一條又髒又臭的衫褲，頓覺為難，他們你推給我，我推給你，誰也不肯收下，更不肯轉交佛陀。可是他們也不敢貿然處理，於是阿難拎著衫褲來到佛陀前，言說事情的經過，並說：「世尊，這條衫褲太破了，已經不能穿了，扔掉吧！」

佛陀聞言，慈祥地開示：「弟子們啊，貧窮人的佈施更難得可貴，你們可不能扔掉衫褲，拿來我穿吧！」

阿難見佛陀如此心胸，頓覺慚愧，就與目犍連一起去河邊清洗衫褲。沒想到，當他們將衫褲放進水的瞬間，河水立即洶湧澎湃，忽漲忽落，像是發瘋一樣。目犍連見此，急忙運神通搬來須彌山，試圖鎮壓河水。可是，他一次次用神通壓河水，卻始終無法平息波濤。無奈之下，他們慌忙趕回去稟告佛陀。

佛陀正在吃飯，聽了此事，輕輕拈起一粒米飯，叫他們以此鎮壓河水。

阿難和目犍連奇怪極了，不由得發問：「須彌山都無法鎮壓河水，

一粒米怎麼可能鎮壓洶湧的波浪呢？」

佛陀並不解釋，只是叫他們去試試。

阿難和目犍連半信半疑回到河邊，將米粒丟進河中，河水頓時恢復了平靜。他們真是詫異非常，不明白一粒米為何具有比須彌山還強大的力量，因此連忙返回請教佛陀。

佛陀微微點頭，對他們開示道：「無二之性，即是實性。一粒米看似微小，可是從播種開始，經過灌溉、施肥、收割、製造、販賣……這些過程中累積了種種的力量與辛苦，才得以成就，所以它所蘊含的功德是無量的。那對貧窮夫婦佈施了唯一的家當——衫褲，雖然不是什麼珍寶，可是包藏著的佈施心量也是無限。龍王因為讚嘆窮人極盡佈施的願心而翻湧，說明他們懂得一粒米的功德與一條破衫褲的功德一樣大，都是虔誠一念引出。因此，當他們見到一粒米時，趕緊退讓稱善，河水由此平靜下來。從這件事中你們應該記住：只要心念虔誠，哪怕一粒米、一條衫褲，它們的力量都可以抵得過千萬座須彌山啊！」

真是「佛觀一粒米，大如須彌山；若人不了道，披毛帶角還。」以此警示天下冥頑眾生，早日虔誠佛道。

每日法語

夫忿恚者，速能損害百千大劫所集善根。若諸善根為瞋害已，復當經於百千大劫，方始勤苦修行聖道。若如是者，阿耨菩提極難可得。是故我當被忍辱鎧，以堅固力，摧忿恚軍。　　　——《菩薩藏經》

國家圖書館出版品預行編目資料

關於唐卡的100個故事／孟思齊編著.

第一版——臺北市：宇河文化出版；
紅螞蟻圖書發行，2011.3
面 ； 公分——（Elite；30）
ISBN 978-957-659-836-4（平裝）

1.藏傳佛教2.佛教藝術3.佛像

226.964　　　　　　　　　　　100003433

Elite 30

關於唐卡的100個故事

編　　著／孟思齊
發 行 人／賴秀珍
總 編 輯／何南輝
校　　對／楊安妮、周英嬌、朱慧蒨
美術構成／Chris' office
出　　版／宇河文化出版有限公司
發　　行／紅螞蟻圖書有限公司
地　　址／台北市內湖區舊宗路二段121巷19號（紅螞蟻資訊大樓）
網　　站／www.e-redant.com
郵撥帳號／1604621-1　紅螞蟻圖書有限公司
電　　話／(02)2795-3656（代表號）
傳　　真／(02)2795-4100
登 記 證／局版北市業字第1446號
法律顧問／許晏賓律師
印 刷 廠／卡樂彩色製版印刷有限公司
出版日期／2011年3月　第一版第一刷
　　　　　2020年7月　　　　　第二刷

定價 300 元　　港幣 107 元

ISBN　978-957-659-836-4　　　　　　　　Printed in Taiwan